돈이 불어나는
신혼 재테크
★ 2021년 대비판 ★

KB053054

돈이 불어나는 신혼 재테크
★ ★ ★ 2021년 대비판 ★ ★ ★

2019년 6월 19일 초판 1쇄 발행
2020년 8월 12일 개정판 1쇄 발행

지은이 | 정은경
펴낸이 | 이종춘
펴낸곳 | ㈜첨단

주소 | 서울시 마포구 양화로 127 (서교동) 첨단빌딩 3층
전화 | 02-338-9151
팩스 | 02-338-9155
인터넷 홈페이지 | www.goldenowl.co.kr
출판등록 | 2000년 2월 15일 제 2000-000035호

본부장 | 홍종훈
편집 | 이소현
교정 | 신정원
초판 original design | 섬세한 곰 www.bookdesign.xyz
본문 디자인 | 윤선미
전략마케팅 | 구본철, 차정욱, 나진호, 이동후, 강호묵
제작 | 김유석
경영지원 | 윤정희, 이금선, 이사라, 정유호

ISBN 978-89-6030-559-5 13320

BM 황금부엉이는 ㈜첨단의 단행본 출판 브랜드입니다.

황금부엉이에서 출간하고 싶은 원고가 있으신가요? 생각해보신 책의 제목(가제), 내용에 대한 소개, 간단한 자기소개, 연락처를 book@goldenowl.co.kr 메일로 보내주세요. 집필하신 원고가 있다면 원고의 일부 또는 전체를 함께 보내주시면 더욱 좋습니다.
책의 집필이 아닌 기획안을 제안해주셔도 좋습니다. 보내주신 분이 저 자신이라는 마음으로 정성을 다해 검토하겠습니다.

소심한 부부의 현실적이고 꼼꼼한
투자, 부동산, 주식, 돈 관리법

★ ★ ★ ★ ★ ★ ★ ★ ★ ★ ★ ★ ★

돈이 불어나는
신혼 재테크

★ ★ ★ ★ **2021년 대비판** ★ ★ ★ ★

정은경 지음

BM 황금부엉이

나는 건물을 소유한 건물주도 아니고, 월세를 받는 임대사업자도 아니다. 경매 전문가도 아니고, 소형 아파트를 20채 이상 구입한 갭 투자가도 아니다. 한 가정의 아내이면서 한 아이의 엄마인, 대한민국의 평범한 주부 중 한 사람일 뿐이다. 하지만 회사에 다니며 월급을 받는 사람이나 결혼한 부부가 어떻게 돈 관리를 해야 원하는 것을 얻을 수 있는지는 명확히 말할 수 있다.

평범한 직장인이었던 우리 부부도 결혼 당시 없는 형편에 집을 구하느라 적잖이 고생했다. 시부모님이 주신 1000만 원은 집을 얻기엔 턱없이 부족했다. 결혼 전 나는 1000만 원 정도를 모았는데 대학을 졸업했던 1991년 당시 내 월급이 50만 원 정도였으니 월급의 80퍼센트를 2년간 저금한 셈이었다. 이 돈을 보태고 그마저도 모자라 500만 원은 융자를 얻어 12평 정도 되는 다가구 주택을 전세로 겨우 계약할 수 있었다.

그런데 신혼살림을 꾸린 지 1년쯤 되던 때 집에 불이 나서 급하게 이사를 하게 되었다. 이 일을 계기로 내 집이 얼마나 소중한지 알게 되었으며, 내 집 마련에 관심을 갖고, 특히 아파트에 대해 적극적으로 알아보기 시작했다. 당시에는 돈이 없었으니 자연스럽게 재테크에 관해서도 공부하게 되었고 현재는 강남의 똘똘한 아파트를 소유하고 있다.

인생을 살면서 건강 관리, 경제 관리, 시간 관리, 인간관계 관리, 경력 관리, 각자의 꿈 관리가 중요하다고 생각한다. 사실 여섯 가지를 모두 가진 사람은 그렇게 많지 않은 것 같다. 사회적으로 엄청난 부를 소유한 사람들도 건강에 문제가 있거나, 사람들과의 관계에서 심한 갈등이 있는 것을 우리는 주변에서 쉽게 접할 수 있다. 경력 관리를 잘 해서 높은 지위에 오르고 풍족한 수입이 있을지라도 꿈 관리를 제대로 하지 않았으면 그동안 살아온 시간들을 못내 아쉬워한다. 위의 여섯 가지가 모두 중요하지만 그중에서도 특히나 더욱 중요한 것이 나는 '돈 관리'라고 생각한다.

우리나라 정서상 돈 이야기를 하면 뭔가 수준 낮아 보이고 교양 없어 보인다. 하지만 결혼 후 20년을 넘게 살아보니 젊은 친구들에게 20대부터 어떻게 돈을 관리해야 하는지 꼭 이야기해주고 싶다. 돈으로 인해 관계가 깨어지기도 하고, 신용불량자가 되고, 이혼하기도 하고, 가정이 깨져서 아이들이 불행해지는 경우도 많다. 수입이 있을 때는 그래도 생활을 유지하지만 50세를 전후로 월급이 끊기면 생활이 어려워지는 가정도 아주 많다. 우리는 대학교를 졸업할 때까지 돈 관리에 대해서는 어디에서도 정식으로 배운 적이 없다. 막연하게 어떻게 되겠지 하면서 성인이 되고 직장을 다니며 결혼하고 살아간다.

돈 관리는 성인이 되는 20살부터 반드시 해야 할 일이다. 대학에 진학하지 않고 바로 취업하는 사람은 물론, 대학생이 된다 하더라도 아르바이트를 하든, 용돈을 받든 자신의 소비지출과 수입에 대해서 분명한 개념을 가지고 생활해야 한다. 요즘은 내가 한 달에 얼마의 돈을 어디에 사용하는지 생각하지 않고, 그저 지출에 지출을 반복하는 사람이 많다. 고등학생들도 부모가 주는 체크카드로 생활하다 보니 대학생이 되더라도 체크카드나 신용카드로 생활하여 자신의 지출과 수입에 대해 정확하게 생각하지 않고 생활하는 경우가 대부분이다. 특히나 성인이 되어서 스스로 경제력이 생기면 스스로에게 보상을 한다는 마음으로 사고 싶은 것을 사고, 먹고 싶은 것을 먹고, 가고 싶은 곳에 여행을 다니며 한 달 카드값이 수입과 거의 비슷한 사람도 많다. 하물며 수입보다 카드값이 더 많이 나오는 사람도 있다. 무서운 것은 이러한 소비생활이 습관이 된다는 것이다. 결혼을 한다고 이러한 습관이 하루아침에 고쳐지지 않는다. 수입이 생기는 처음부터 예산을 세워서 돈 관리에 들어가야 한다. 많이 벌고 적게 벌고의 문제가 아니다. 얼마의 수입이라도 자신의 통제하에 수입과 지출이 이루어져야 된다는 것이다. 예산이 얼마인지, 왜 돈을 모아야 하는지, 돈을 모아서 이루고자 하는 목표를 구체적으로 설정해야 한다.

대부분의 사람들은 학교를 졸업하고 취업하여 회사에 다니게 된다. 또 좋아하는 사람을 만나서 결혼하여, 아이를 낳아 키우며 평범한 인생을 살아간다. 사실 우리가 학교에 몸담고 있을 때에는 그래도 대접받는 생활이라고 할 수 있다. 왜냐하면 내가 등록금을 내고 다니는 거니까 내가 몸이 아프거나 가기 싫으면 수업에 빠져도 누가 뭐라 할 사람이 없다. 단체로 수업거부를 하는 경우도 있다. 어찌 보면 학생이 '갑'인 것이다. 하지만 졸업 후 회사에 다니기 시작하면 월급이라는 대가를 받기 때문에 일단은 내가 받는 월급 이상의 성과를 내야 한다. 회사 일정을 보면서 휴가를 내야 하고, 샌드위치데이를 이용해 일주일 정도 해외여행을 가고 싶어도 내 돈으로 여행을 가는 것인데도 팀원들과 미리 일정을 조율해야 한다. '어렵게 돈을 벌고 있다'는 이야기다.

어느 누구도 쉽게 돈을 버는 사람은 없는 것 같다. 회사를 다녀도, 자영업을 하더라도, 주식이나 재테크를 하더라도, 큰 회사를 운영하더라도 모두들 어려운 일들을 헤쳐 나가며 수익을 내기 위해서 애쓰고 노력한다. 대학을 졸업하고 무수한 경쟁률을 뚫고 원하는 기업에 입사를 하더라도 첫 1년 동안의 만족도는 그렇게 높지 않다. '내가 이런 일을 하려고 16년 동안 그렇게 치열하게 공부만 했나'라고 생각한다. 결혼을 하면 더 심하다. 남자의 경우는 남편이라는 새로운 타이틀이 생기면 한 가정의 경제를 책임져야 하는 아주 커다란 바위를 짊어지는 듯한 무거움이 어깨를 짓누른다. 아내도 마찬가지다. 요즘은 외벌이로 살기에 너무 어려운 시대라 대부분이 맞벌이를 하는 추세이다. 여자는 직장생활을 하면서 안 하던 살림을 해야 해서 또 다른 스트레스가 무겁게 밀려온다. 여기에 아기가 태어난다면 삶은 전쟁터로 변한다. 양가 부모님 중 한 분이 아이를 돌봐주시면 그나마 사정은 낫지만 그렇지 않은 경우는 아내의 수입이 고스란히 양육비로 지출된다. 아내의 수입이 260만 원 이하이면 직장을 그만두는 것이 낫고, 260만 원보다 많아야 아이를 키우면서 직장을 다닐 때 흑자라는 웃지 못할 이야기도 있다. 맞벌이 부부의 육아 비용이 그만큼 많이 든다는 이야기다. 그럼에도 불구하고 결혼할 때 전세자금 대출 등을 갚아야 하기 때문에 어쩔 수 없이 맞벌이를 하는 것이 현실이다.

나도 이들과 조금도 다르지 않았다. 결혼 후 20년을 넘게 정신없이 치열하게 살아왔다. 내 또래 가정들은 이제 아이들은 성인이 되고 남편들은 현직에서 물러나고 있는 나이다. 주변의 지인들을 보면 정말 바쁘게 열심히 앞만 보고 살아왔는데 소수를 제외하고는 앞으로의 남은 삶에 대해서는 뚜렷한 경제적 대안이 없음을 보고 놀라게 된다. 나 또한 대학 졸업 후 살아온 25년을 되돌아보고, 앞으로 남은 나의 인생에 대해서 다시 한 번 심도 있게 생각하고 계획하여 지금보다 더 행복하고 안정된 삶을 나누며 살고 싶다.

사람들은 자신이 중요하다고 생각하는 것에 '시간'과 '돈'을 쓴다. 시간과 돈을 잘 관리하는 사람은 자신의 삶을 주도적으로 살아간다. 돈에 끌려다니는 사람이 될 것인가? 아니면 내가 돈을 관리하며 인생을 주도할 것인가?

돈 관리가 잘되는 집은 모두 부부관계가 좋다. 이 책에서는 결혼 전 20대의 돈 관리 방법뿐만 아니라 결혼 이후 부부가 왜, 무엇을, 어떻게 해야 자산 관리를 잘할 수 있는지에 대해서 나의 경험을 바탕으로 누구나 쉽게 일상생활에 적용할 수 있는 이야기들을 담았다. 또 돈을 관리하기 위해 꼭 필요하고 일상에서 습관화해야 하는 것에는 어떤 것이 있는지 구체적이고 현실적인 사례와 함께 다룰 것이다. 결혼 전 소비 습관, 결혼 이후 부부의 돈 관리, 계획된 지출에서의 소비생활이 얼마나 중요하고 행복으로 향하는 지름길인지 인생 후배들에게 전해 주고 싶다.

부디 이 책을 다 읽은 후에는 계획하고 원하는 것을 얻을 수 있는 방법을 터득하고 실행할 수 있으면 좋겠다. 각자가 생각하는 행복한 부자가 되는 데 이 책이 디딤돌이 될 수 있기를 간절히 소망한다.

Chapter 1 | 부부 재테크를 시작하는 7가지 방법

Chapter 4 돈 관리도 습관이다

Chapter 5 원하는 아파트를 매수하기 위한 생활습관

Chapter 1

부부 재테크를
시작하는
7가지 방법

★ ★ ★ ★ ★ ★ ★ ★ ★ ★ ★ ★ ★

01

쿨하게
서로의 통장을
오픈하자

　　A언니 부부의 이야기를 해볼까 한다. 10년 전에는 부부 모두 연봉이 높은 회사에 다녔기 때문에 각자의 연봉이 또래의 수입보다 많았다. 당시 언니의 연봉이 4000만 원 정도였고, 남편의 연봉이 6000만 원이었으니 합치면 1억이 넘는 금액이었다.

　　그런데 남편은 약 500만 원의 월급 중 250만 원을 생활비로 아내에게 주고 나머지 돈은 알아서 관리했다. 아내는 약 300만 원의 월급에서 250만 원 정도를 생활비로 쓰고 남는 돈은 저축했다. 이렇게 부부는 10년 넘게 가정을 꾸려왔고 두 아이를 두고 있다. 이렇듯 이 가정의 생활비는 약 500만 원이었는데, 아이들이 어렸을 때는 양육비와 외식비, 1년에 한 번씩 가는 가족 해외여행 등으로 대부분이 지출되었고, 아이들이 크면서는 교육비, 학원비로 생활비가 더욱 증가하게 되었다.

　　부부는 집값이 오르지 않을 것이라 생각했기 때문에 집을 구입하지 않았고 전세로 살았는데, 2년마다 치솟는 전세금을 올려주느라 지금도 매우 버거워한다. 이제는 남편이 현직에서 물러날 시기가 점차 가까워지고 있고 언니도 일을 그만둔 상태이다. 결혼하고 20년 가까운 시간 동안 큰 어려움 없이 수입과 지출을 해왔지만 문제는 이제부터라는 것이다.

첫째, 집이 없기 때문에 앞으로도 계속 인상되는 전셋값을 어떻게 마련할지 고민이다.

둘째, 두 아이의 대학등록금을 내야 한다. 부모가 못해주면 아이들이 학자금 대출을 받아야 한다. 또 이들의 결혼 자금은 부모가 도와줄 수 없고 스스로 마련해야 한다.

셋째, 100세 시대에 살고 있기 때문에 앞으로도 50년 정도는 생활비가 필요한데 노후 준비가 되어 있지 않다.

물론 부부가 허드렛일이라도 하면 먹고는 살 것이다. 하지만 신혼 때부터 가정의 수입과 지출에 대한 계획 없이 생활하게 되면 어느새 20년이 흐르고 결국 대책 없이 나이만 먹게 된다. 그런데 의외로 이런 가정이 너무 많고, 생각보다 이런 시기가 매우 빨리 눈앞에 다가온다.

우리 부부는 1994년에 결혼했고 맞벌이였다. 나의 적극적인 제안과 남편의 바다 같은 이해심이 만나 우리는 자연스럽게 통장을 하나로 합치기로 했다. 남편의 월급이 들어오면 내 월급통장으로 이체해서 수입을 한 통장으로 모았다. 통장을 하나로 합친다는 것은 부부가 서로를 진심으로 신뢰한다는 증거이기도 하다. 요즘 부부들은 각자 따로 월급을 관리하고 월급의 일부를 모아서 공동의 생활비로 사용한다는 이야기를 들었다. 이렇게 생활하면 A언니의 가정과 비슷한 결과를 초래할 가능성이 매우 높다.

우리는 결혼한 첫 달부터 수입과 지출을 매우 간단하게 엑셀로 기입해보면서 우리 가정의 수입은 얼마이고 한 달 생활비로 나가는 비용이 얼마인지를 매달 확인했다. 많이 쓰는 것 같지는 않은데 이렇게 기록해보니 수입의 대부분이 지출로 나가는 것이 보였고 이러면 안 되겠다는 생각이 들었다.

그래서 부부가 함께 컴퓨터 앞에 앉아서 한 달 동안 사용할 돈을 항목별로 정했다. 식비와 주거비, 자동차 관련 비용, 각자의 용돈, 부모님 용돈, 아이가 태어난 후에는 육아비, 문화생활비, 보험, 적금, 예비비 등 항목별로 예산을 세우고 그 안에서 생활하려고 노력했다. 이렇게 하면 정해진 돈으로 소비를 해야 하기 때문에 충동구매를 자제하게 되고, 특별히 지출이 많은 달에는 사고 싶은 것이 있어도 가능한 한 다음 달로 미루게 된다. 예를 들어 노트북을 바꾸고 싶을 때 바로 사는 것이 아니라 예비비 예산이 얼마나 있는지 확인하고 추가로 계획을 세워서 구입한다는 것이다. 지출을 안 하는 것이 아니라 계획된 지출을 하기 때문에 생활이 안정되고 필요 없는 소비를 줄이게 된다.

여행을 가는 것도 마찬가지다. 국내는 사계절 아무 때나 다닐 수 있지만, 해외로는 한여름 성수기를 피하고 비수기인 3월이나 4월 또는 10월, 11월에 가면 저렴한 가격으로 가족여행을 다녀올 수 있다. 돈을 안 쓰고 모으는 것이 중요한 것이 아니라 안 써도 되는 것에는 안 쓰고 꼭 써야 할 곳에 현명한 지출을 하자는 것이다. 그런데 이렇게 계획적인 소비를 하려면 부부가 마음을 모아야 한다.

부부가 왜 돈을 합산해야 하는지, 왜 돈을 관리해야 하는지, 돈을 모아서 무엇을 하고 싶은지, 왜 예산을 먼저 세우고 지출해야 하는지 등에 관해 부부 모두 동의해야 한다. 이런 이야기를 하려면 대화하는 시간이 많아야 한다. 매일 일상적인 이야기만 하면서 생활하다 보면 갑자기 돈 이야기를 하는 것이 부담스럽고 잘못하면 오히려 부부싸움을 하게 된다. 남자들은 왠지 자신이 돈을 더 벌어야 할 것 같은 부담감과 책임감을 느껴서 그런지 이런 이야기를 피하고 싶어 한다. 사실 아내의 입장은 돈을 더 벌어오라는 것이 아니다. 우리의 현실적인 경제상황이 이러니 계획을 세워서 수입에 맞게 생활을 잘 꾸려나갈 수 있도록 의논하자는 것이다.

우리 문화는 돈 이야기 하는 것을 매우 꺼려한다. 하지만 부부가 정말로 가까운 사이라면 돈 이야기를 불편해하면 안 된다. 자꾸 대화를 하다 보면 서로의 속마음도 알게 되고 궁극적으로 서로가 바라는 것이 무엇인지 알게 된다. 돈 이야기를 할 때 어쩌면 그 사람이 드러내고 싶지 않은 면을 드러낼지도 모른다. 부부가 돈 이야기를 적나라하게 하면 할수록 서로에게 숨기는 것도 없어진다. 각자가 쓰는 돈이 많아지고 자꾸 감추고 싶어지면 나중에 안 좋은 일이 벌어질 수도 있다. 마음이 가는 곳에 시간과 돈을 쓰는 것이 우리의 삶이다. 나의 마음을 가장 많이 줄 곳이 남편이고, 우리 가정이다. 이곳에서 무엇인가를 숨기고 싶은 부분이 있다면 어찌 70년, 80년을 한 가정을 이루고 살 수 있을까?

많은 사람들이 30살 전후로 결혼을 한다. 요즘은 30대 중반에 결혼하는 경우도 많지만 그렇더라도 대략 70년을 함께하는 사람이 부부다. 이 세상에서 자식보다 가깝고, 부모보다도 더 오랜 시간을 보내는 사람이 부부라는 것이다. 결혼을 하자마자 서로의 모든 것을 오픈하고 함께 의논하는 것이 신뢰를 얻고 사랑의 깊이를 더할 수 있는 지름길이라 생각한다.

이렇게 돈 이야기를 부부가 함께하면 서로가 원하는 것을 알게 된다. 직업에 있어서도 우리들 대부분은 원했던 일을 하기보다는 어쩌다 보니 현재 이 일을 하고 있는 경우가 많다. 특히나 첫 직장은 더욱더 그렇다. 대학을 졸업하고 취업하여 회사를 다니면서 여러 가지를 경험한 후 우리는 스스로에 대해서 더 잘 알게 된다. 자신이 좋아하는 것과 그렇지 않은 것, 자신이 잘하는 것과 그렇지 않은 것, 그러면서 자신이 하고 싶은 일을 찾기도 한다. 회사를 다니면서 주말에 이러한 일들에 시간과 돈을 쓰면서 자기계발을 하기도 하는데, 이럴 때 부부가 서로의 가장 적극적인 지원군이 될 수 있다면 부부관계는 좋을 수밖에 없다.

주변에서 부부가 주말에 각자 시간을 보내는 경우를 많이 보게 된다. 물론 매번 함께 시간을 보낼 수는 없지만 매주 각자의 시간을 보내면 부부가 가까워질 시간이 없다. 주중에는 서로가 바쁘고 힘들고 이야기할 시간이 많지 않다. 그래서 주말에는 시간을 만들어서라도 부부가 함께 있는 시간이 있어야 한다. 서로의 일에 대해 이야기하고, 공감대를 형성하며, 가까워질 때 돈에 대한 이야기도 자연스럽고 편하게 할 수 있다.

남편이든 아내든 "내가 다 알아서 할게"라는 말은 매우 불안한 말이다. 부부가 함께 가정을 이루고 사는데 어떻게 한 사람이 모두 알아서 할 수 있겠는가? 그럼 나머지 한 사람은 매우 수동적인 삶을 살 수밖에 없다. 그러면 삶이 재미가 없고 무기력해진다. 부부가 함께 대화하는 가운데 서로의 삶에 대한 가치관을 이해하게 되고 서로 화합하게 된다. 누군가 경제적으로 안정되고 싶은 이유를 묻는다면 우리 부부는 '나눔이 있는 행복한 삶을 살기 위해서'라고 말한다. 양가 부모님께 적은 금액이라도 매번 용돈을 드리는 뿌듯함, 식구들이 만났을 때 밥값을 계산하는 즐거움, 아프리카에 있는 아이를 후원할 수 있는 마음, 어려운 사람들에게 손길이 갈 수 있도록 돕는 마음이 바로 그런 것이다.

결혼 후 1년 정도 지났을 때 신혼살림을 시작했던 다가구 주택 1층 전셋집에 화재가 났다. 주말이었는데 우리가 외출한 사이 주방에 있는 식기건조기에서 누전이 생긴 것이다. 다행히 옆집에 사는 분이 119에 신고해서 화재는 바로 진압되었고 옆집으로 번지거나 큰 화재로 이어지지는 않았다. 지금 생각해도 그 정도로 끝난 것이 정말 감사할 뿐이다. 또 식기건조기 회사에서 자세한 조사를 하고 기본적인 배상도 해주었다. 어른들은 '불이 나면 앞으로 잘 산다'라고 하시면서 애써 젊은 신혼부부를 위로해주셨다. 그래도 외출 후 돌아왔을 때 너무 놀란 데다 화재 뒤처리는 했지만 그 집에서 계속 사는 것이 무섭고 불안했다. 우리는 바로 이사를 준비했고 가진 돈이 모자라서 대출을 받아 20평 전세 아파트로 이사했다. 다가구 주택에 살아서 화재가 난 것이 아니었는데도 우리는 아파트로 이사하고 싶다는 생각을 강하게 했다. 막연하지만 아파트 생활이 더 안전하게 느껴졌던 것이다. 지금 돌이켜 생각해보면 화재로 두렵고 불안했던 마음이 오히려 빨리 돈을 모아 우리 소유의 아파트를 사고 싶다는 생각을 간절하게 하는 디딤돌의 역할을 했다.

급하게 전세를 얻어 이사 간 아파트는 친구들의 아지트가 되기도 했다. 우리 부부는 대학교에서 만났기 때문에 같은 대학의 동기들이 우리 집을 아지트 삼아 아무 때나 찾아와서 밥을 먹고 자고 가는 일이 부지기수였다. 어느덧 다들 가정을 이루고 이제는 아이들까지 성인이 될 정도로 오래전 이야기지만 지금 생각해도 모두가 좋은 추억이고 행복했던 시간들이다. 언제 이렇게 시간이 빨리 지나갔나 싶다.

이렇게 결혼 1년 만에 다시 이사를 하게 되면서 우리는 점차 아파트 가격에 관심을 갖게 되고 집을 구입하는 것에 항상 안테나가 서 있었다. 1997년에는 우리가 살고 있는 근처 2호선 역세권으로 24평 아파트를 전세 7000만 원을 안고 매매가 1억 1500만 원에 구입했다. 우리 돈은 4500만 원이 들어간 것이다. 그런데 이 중 3000만 원은 당시 남편이 다니던 금융회사에서 저리(低利)로 대출받은 것이었기 때문에 실제로는 1500만 원으로 아파트를 매수한 셈이다. 2020년 7월 현재 이 집의 시가는 8억 중반이다. 재테크적인 측면에서 보면 25년 만에 800퍼센트가 넘는 이익이 발생한 것이다.

오랜 기간의 데이터를 분석해보면 부동산 가격도 오르고 내리고 다시 오르는 포물선을 그린다는 것을 알 수 있다. 우리 집은 이사를 참 많이 했다. 아이가 유치원에 다닐 때는 목동에 있는 작은 평수의 아파트에 살면서 2003년에 일산의 32평 아파트를 구입했다. 당시 2억 1500만 원을 주고 샀고 2016년에 4억 정도에 매도했다. 우리는 2016년에 매도했지만 2006년에는 5억 8천까지 거래가 이루어졌다. 우리가 부동산 전문가였다면 2006년에 일산 집을 팔고 서울에 집을 사서 더 많은 이익을 만들었을 텐데 그 당시에는 경험이 없어서 팔아야겠다는 생각을 하지 못했다. 또 2년 동안 거주해야 1세대 양도 소득세 비과세를 받았기 때문에 조건을 충족시키느라 매도 타이밍을 놓친 것도 있었다.

목동 신트리에 있는 18평 아파트도 사서 팔기를 했고, 송파에 있는 32평 아파트도 7억 초반에 구입해서 약간의 이익을 내고 팔았다. 이렇게 집을 사고팔고 해보니 종잣돈 모으는 것이 얼마나 중요한지, 또 이렇게 매번 부동산을 보러 다니며 매수하고 매도할 때마다 남편과 함께 한마음으로 의논한다는 것이 얼마나 중요한지 느낄 수 있었다. 종잣돈을 모으고, 모은 종잣돈을 어떻게 운영할 것인지는 온전히 부부의 대화를 통해 그 방법을 찾아갈 수 있다. 결혼하기 전까지 이러한 일들에 대해서 들어보거나 배운 적이 없었다. 돈 관리를 어떻게 해야 하는지, 자산을 어떻게 늘려야 하는지에 대해 이야기해주는 사람이 없었다. 결혼 후 남편과 함께 자산 관리를 어떻게 할 것인가를 이야기하면서 하나씩 알아보고 시도하면서 경험을 쌓았다.

젊은 부부들에게 돈 관리 또는 돈 이야기가 한 가정을 이끌어 가는 데 얼마나 중요한지를 꼭 전해주고 싶다. 열심히 일하며 돈을 모으고 어떤 방법으로 관리할 것인지를 부부가 항상 함께 관심을 갖고 의논해야 한다. 혼자 하면 어렵지만 부부가 함께 공부하고 실행한다면 경험이 쌓이고 확신이 생기면서 더욱 빠르게 성장할 수 있다. 돈 이야기를 할 수 있는 부부는 기본적으로 신뢰를 바탕으로 더 친밀해지고 물질적으로도 더 풍요로워질 수 있다.

02

결혼 후 5년, 골든타임을 잡아라

많은 사람들이 결혼 후 5년이 돈 모으기에 가장 중요하고 또 가장 잘 모을 수 있는 시기라고 말한다. 하지만 신혼살림을 시작하면 결혼 전에 완벽하게 준비했다고 해도 처음 몇 달간은 매번 쇼핑하느라 주말을 다 보내게 된다. 신혼집에 필요한 물건도 많고, 인사를 드리러 갈 곳도 많다. 또 친구나 지인, 친인척들의 결혼식이며 경조사에 참석하다 보면 둘이서 열심히 번다고 하는데도 저축은 늘 어렵다.

결혼 첫날부터 시작하는 수입과 지출 관리

결혼하고 정신없이 생활하다 보면 6개월은 그냥 흘러간다. 그러면 이렇게 생활하는 것이 습관이 되어 나중에 제대로 하려면 매우 불편하다고 느낀다. 익숙해진 것을 새롭게 바꾸려면 의도적인 노력을 많이 해야 한다. 그러므로 결혼하자마자 두 사람의 수입을 제대로 관리해야 한다. 수입을 한곳에 모으고 예산을 세운 후 그 범위 내에서 생활하려고 노력해야 한다. 처음에는 예산을 세운 것과 실제로 소비하는 것에 차이가 많이 나지만, 6개월 정도 살림을 해보면 수입과 지출이 안정을 찾게 된다. 처음부터 이렇게 하겠다는 마음의 준비를 해야 실행에 옮길 수 있다.

부부가 처음에 함께 돈 관리를 할 때 가장 중요한 것은 서로 믿고, 또 모든 것을 선명하게 보여주는 것이다. 실제로 통장과 돈을 관리하는 사람은 배우자에게 달마다 수입과 지출 부분을 명확하게 공개해야 한다. 단순히 말로 하는 것이 아니라 기록해서 보여주어야 한다. 가계부를 써도 좋고, 엑셀에 기입해도 좋다. 엑셀을 이용하면 숫자가 모두 자동으로 계산되고, 나중에는 그래프까지 그릴 수 있어서 어떤 부분을 몇 퍼센트 사용했는지를 한눈에 볼 수 있어서 더 좋다.

만약에 식비가 생활비에서 30퍼센트를 차지한다면 식비를 왜 많이 지출하는지 함께 이야기해보고 줄일 수 있는 방법이 있는지 의논한다. 결혼 후 1~2년 동안 이러한 가정문화를 만들어가야 한다. 3년이 지나면 경제생활 패턴이 거의 정해지는데, 목돈을 어떻게 마련하고, 또 어떻게 집을 늘릴지 의논하는 것도 결혼 후 5년 안에 이루어져야 한다. 시간이 갈수록 더 집을 늘려갈 수 있을 것 같지만, 실제로는 결혼 후 5년이 가장 확장하기 좋은 시기이다.

부부는 일심이체

결혼하자마자 부부를 한마음 한뜻으로 모으기 제일 좋은 방법이 가정경제에 대해 의논하고 계획을 세워나가는 것이다. 대출이 있다면 몇 년 안에 모두 갚을 것인지 계획을 세우고 실행해본다. 너무 무리하게 계획을 잡으면 지치기 때문에 약간의 여유를 둬야 잘 지켜나갈 수 있다. 중간중간 부부가 서로에게 적절한 보상을 해주는 것도 계속 이어나갈 수 있는 힘이 된다.

대출이 없고 월세를 내고 있다면 언제까지 월세를 낼 것인지, 월세를 내지 않으려면 얼마의 목돈이 더 필요한지를 머리를 맞대고 의논한다. 이때 반드시 부부가 한마음이 되어야 끝까지 함께할 수 있다. 한 사람은 구체적으로 계획을 세워 거기에 맞추어 생활하려고 하는데, 다른 한 사람은 자꾸 충동적으로 계획에 없는 것을 구입하고 지출하지 않아도 되는 일에 돈을 써서 예산을 초과하게 되면 부부싸움의 원인이 되고 만다.

돈 이야기만 하면 싸우는 집이 있다. 서로가 돈에 대한 생각과 삶에 대한 가치관이 다르면 싸울 수밖에 없다. 현재의 행복을 중요시하여 저축 없이 수입을 모두 지출하며 삶을 즐기려는 사람과 조금씩 절약하면서 2년 뒤, 5년 뒤를 준비하고 계획하며 살아야 된다고 주장하는 사람이 한 가정을 이루면 두 사람 모두 피곤하다.

사실 연애를 할 때는 무슨 이야기를 해도 서로가 모두 이해한다. 그리고 그러한 내용들이 심각하게 들리지 않는다. 그런데 막상 결혼을 해서 한집에서 생활하다 보면 많은 것들이 서로 너무 다르다는 것을 매번 느끼게 된다. 그래서 신혼 때는 부부싸움을 더 많이 하는 것 같다. 아무리 오랜 기간 연애했다고 하더라도 결혼을 하고 한 가정을 이루고 사는 것은 정말 다른 일이다. 가능하다면 결혼을 전제로 사귈 때는 돈에 관한 가치관이나 미래 계획 등을 구체적으로 나누는 것이 결혼생활을 순조롭게 시작하는 한 가지 방법이 될 것이라고 생각한다.

출산도 계획적으로 해야 하는 세상

무엇보다 아이를 언제 낳을 것인가를 부부가 함께 의논해야 한다. 아무런 계획이나 대책 없이 덜컥 아이가 생기면 이는 완전히 또 다른 세상이다. 우리 집은 결혼을 하고 5년 동안은 의도적으로 아이를 갖지 않았다. 일단 둘 다 직장을 다니면서 대학원 과정을 공부했기 때문에 아이를 키울 수가 없었다. 결혼 초 주말에는 친구 부부들과 많이 어울리고 여행도 마음껏 즐겼다. 결혼 후 5년 동안 정말 충분히 부부의 시간을 갖고 대학원 논문도 쓰면서 가정생활에 익숙해지며 서로를 제대로 알아가기 위해 노력했다.

아이가 태어나면 육아를 담당할 사람이 필요하고 양육비와 우유, 기저귓값도 많이 들기 때문에 아내가 버는 돈의 60퍼센트 이상을 이와 관련한 비용으로 지출하게 된다. 우리 집은 주로 남편의 수입으로 생활비를 충당하고 내가 버는 수입은 저축한다는 개념으로 돈을 관리했다. 혹시라도 내가 직장을 그만두더라도 남편의 월급으로 생활할 수 있도록 대비한 것이다.

주변에서 보면 결혼한 해에 아이가 태어나는 경우가 많다. 그러면 부부만의 시간을 즐기는 시간도 충분하지 않고 돈을 관리하며 모으기도 쉽지 않다. 만약 아내가 아이를 키워야 해서 직장을 그만두면 그야말로 남편의 월급으로 한 달 벌어서 한 달 생활하는, 마치 일일노동자 같은 삶을 살아야 할 수도 있다.

아이가 태어나기 전에 어느 정도 돈 관리 체계를 잡고, 아이가 태어날 경우를 대비해서 미리 조금씩 통장에 따로 저금을 해 두어야 한다. 그러면 임신 후 드는 병원비와 임부복, 아기용품 등의 물품을 사는 비용, 산후조리와 관련된 비용 등을 미리 마련할 수 있다. 당연한 말일 수도 있지만, 아이가 태어나기 전까지 돈을 모으는 것이 아이가 태어난 이후에 모으는 것보다 훨씬 수월하다.

결혼 후 5년이 돈 관리를 하는 데 골든타임이다. 처음부터 함께 돈 관리를 해야 가정경제에서 수입과 지출의 안정된 습관이 자리 잡을 수 있다. 이렇게 돈 이야기를 나누며 앞으로의 계획을 세우고 의논하는 가정은 부부가 한마음일 수밖에 없다. 여행에 관한 계획도 함께 짤 것이기 때문에 앞으로 어디를 여행할까를 이야기하는 것은 여행지를 가는 것만큼이나 설레고 즐거운 일이다.

돈 관리를 한다는 것은 껄끄럽고 불편한 것이 아니라 부부애를 증진시키고 부부 중심으로 가정을 꾸리며 목표를 달성하기 위해 함께 성장해가는 기본적인 과정이다. 이러한 가정문화를 결혼 후 처음 5년 동안 잘 만들어가면 이 가정은 끝까지 평안하다. 이렇게 서로가 의견을 나누고 의논하며 계획을 세우는 것을 신혼 초부터 실천하면 중간에 누군가에게 돈을 빌려준다거나 보증을 서는 일을 막을 수 있다. 부부가 함께하지 않으면 지인이 급하다고 돈을 빌려달라고 하면 빌려주는 경우가 생긴다. 하지만 부부가 함께 관리하는 경우는 배우자에게 물어봐야 하기 때문에 일단 무조건 빌려주는 일은 발생하지 않는다.

입장이 딱하다고 남편이 아내 몰래 보증을 서는 바람에 나중에 매우 어려운 일을 겪는 가정도 많이 보았다. 돈 관리를 부부가 함께하지 않았기 때문에 일어나는 일이다. 결혼 후 5년 동안 돈 관리에 대한 자신들만의 노하우를 쌓으면서 재산을 불려나가면 그다음은 점차 더 잘될 수밖에 없다. 그런데 결혼 후 5년 동안 이러한 가정문화를 만들지 못하고 그냥 벌고 쓰기만 하면 나중에 가서는 부부가 함께할 시간도 없이 열심히 돈 버느라 고생했는데 남는 것이 하나도 없다고 한탄한다.

첫 단추를 잘 끼워야 한다. 처음 단추를 잘못 끼우면 끝까지 삐뚤게 된다. 두 번째, 세 번째라도 단추가 잘못 끼워진 것을 알아차렸으면 모두 풀고 다시 처음부터 바르게 끼워야 한다. 돌아가는 것처럼 느껴지지만 그것이 현 상황에서 더 빨리, 그리고 더 멀리 갈 수 있는 길이다.

03 결혼 20년 차 부부의 꿀팁

2020년 7월 현재 문재인 정부는 주택에 대한 담보대출을 역사상 가장 심하게 규제하고 있다. 2017년까지 대출이 자율이 매우 낮았고 주택담보대출과 전세자금대출이 전반적으로 수월했다. 그래서 부동산에서, 특히 작은 평수의 아파트 가격이 가파른 상승곡선을 그렸다. 잠시 과거를 돌아보자면 우리나라는 1997년 12월에 금융위기로 IMF의 보조를 받았다. 경제 악화로 굵직한 회사들이 파산하거나 합병했고 경제적으로 압박을 당하는 회사들이 다운사이징을 하면서 많은 사람들이 직장을 잃었다. 우리 집의 가장이던 남편도 산업은행의 자회사인 산업증권을 다니고 있었는데 회사가 문을 닫고 말았다. 여의도에 있는 금융회사를 다니는 것이 '직장생활의 꽃'이라고 할 정도로 금융계에 입사하기 매우 어려웠던 시기에도 동기들보다 높은 연봉으로 당당하게 잘 다니고 있었는데, 하루아침에 산업은행에서 산업증권을 정리하겠다고 결정하면서 모든 직원이 직장을 잃는 어이없는 일이 벌어진 것이다.

다행히 내가 안정된 직장을 다니고 있었고 돈 관리를 잘하고 있었기에 큰 무리 없이 우리 가정은 그 난국을 지혜롭게 넘길 수 있었다. 남편은 약 8개월간 실업급여를 받으면서 재무, 회계 관련 공부를 하여 어려운 시험에 합격하며 자격증을 받았고 그 덕분에 현재까지 재무파트에서 성실하게 일하고 있다. 산업증권을 정리한다는 말을 처음 들었을 때는 앞이 캄캄했는데 지금 생각하면 오히려 다른 것을 공부할 수 있는 계기가 되었고, 현재까지 안정적으로 일하게 된 바탕이 되었음에 감사한다. 우리 집의 화재가 우리를 '내 집 마련'이라는 이름하에 부동산에 적극적인 관심을 갖게 한 것처럼, 남편이 첫 번째 직장을 IMF로 실직하며 다른 공부를 하여 자격증을 딴 것이 우리 가정에 경제적인 안정을 가져오는 데 큰 기둥 역할을 했다. 남편의 휴직기간에도 우리는 시어머니에게 매달 생활비의 일부를 보내드렸다. 만약에 내가 직장을 다니지 않았거나 가정의 돈 관리를 제대로 하고 있지 않았다면 대출을 받는 등 매우 힘든 시기를 보냈을 것이다. 그리고 남편은 무조건 가능한 한 빨리 다른 직장을 찾아야 했을 것이고 그러다 보면 또 같은 업종에서 일할 확률이 매우 높았을 것이다. 사실 금융계에서 일하면서 연봉은 높았지만 항상 리스크가 있고 받는 스트레스가 이루 말할 수 없었다. 최근에 보면 주변의 금융계에서 일했던 친구들은 벌써 명예퇴직을 한 경우도 많다.

지금 와서 생각해보면 그 시절에 직장을 옮겨야 했던 것이 오히려 좋은 기회였고, 그로 인해 외국계 기업의 재무파트에서 탄탄히 커리어를 쌓을 수 있었다. 우리의 인생 또한 포물선이라고 생각한다. 내리막 길이 있으면 어느 순간 상향곡선을 만나고 또 상향곡선을 가다 보면 내리막을 만나기도 한다. 무조건 하향곡선을 그리는 인생도 없고 무조건 상향곡선만을 그리는 인생도 없다. 포물선을 그리는 인생을 살아가면서 돈 관리를 제대로 할 수 있다면 인생의 이런저런 이유로 어려움을 겪더라도 조금 더 빨리 제자리에 돌아올 수 있고 어려움을 줄일 수 있는 큰 힘이 된다.

우리나라 부동산 시장도 1997년 IMF 보조를 받으면서 급강하는 시기가 있었다. 부동산 가격이 지역에 따라서는 50퍼센트가 하락한 곳도 있었고 심지어는 전셋값이 폭락하여 살고 있던 세입자에게 전세금의 일부를 반환하는 일도 있었다. 우리도 서울 전철 2호선 역세권에 24평 아파트를 전세 놓고 있었는데, 그때 7000만 원 하던 전세가 5000만 원으로 하락하여 2000만 원을 돌려주는 일도 있었다. 그 당시 우리는 부동산이 다시 안 오를 줄 알았다. 하지만 부동산은 하향곡선에서 저점을 찍고 점차 다시 상향곡선을 그리기 시작했다. 2006년에는 상향곡선의 최고점에 달하기도 했다. 2006년에서 2008년을 기점으로 아파트 가격은 다시 하향곡선을 그리기 시작한다. 11억이 넘던 대치동의 은마아파트 31평이 2013년 말에서 2014년 초에는 7억대 초반까지 급락하기도 했다. 하지만 2015년부터 가파르게 오르면서 2017년 상반기에는 다시

11~12억대에 왔고, 2018년 여름에는 18억 5000만 원에서 20억 원 전후까지 상승했다. 2020년 7월 현재에는 다소 하락하고 상승하고를 반복하면서 19억에서 21억 사이에 있다. 우리의 인생이 포물선을 그리듯, 주식이 포물선을 그리듯, 부동산 가격도 포물선을 그린다.

결혼 전에는 이런 부동산에 대해서 전혀 몰랐다. 관심도 없었고 어디에서 무엇을 알아보아야 하는지도 몰랐다. 하지만 결혼을 하고 집이라는 것을 생각하게 되고, 전세로 신혼을 시작하다 보니 안정된 내 집이 있기를 바라게 되었으며 아이가 유치원을 다니기 시작하면서부터는 이사를 자주 간다는 것이 쉽지 않다는 것도 알게 되었다. 그래서 그때부터 시간이 나면 동네 부동산에 들어가 이것저것 물어보게 되었다. 현재 이 아파트 가격은 얼마인지, 올랐는지, 내렸는지, 전세 가격은 어떤지를 꾸준히 물어보며 나만의 아주 작은 데이터를 만들어가기 시작했다. 그동안 부동산을 사고팔고를 많이 하지는 못했지만 늘 관심은 가지고 흐름을 파악하려고 했다. 물론 지금은 인터넷에 아파트나 주택 실거래가 사이트가 있어서 언제라도 2006년부터의 실거래가를 조회할 수 있다. 좀 더 구체적이고 정확한 데이터는 인터넷에서 얻되, 실제로 한번 집을 보고 가격의 흐름을 파악하면 더 잘 기억하게 된다. 또한 나중에 필요할 때 그 지역에 대해 조금이라도 빠르고 정확한 판단을 내릴 수 있어서 좋다.

요즘은 결혼을 하든 안 하든 젊은 사람들도 새 아파트 분양을 받아 얼마의 이익을 남긴 뒤 파는 경우도 많다. 2017년 초에 서울 서대문구에 있는 아파트 분양권을 약간의 프리미엄을 주고 매수하려고 했다. 기존에 전화로 서로가 원하는 요구사항을 모두 전달받고 약속한 시간에 부동산에서 만났다. 약속장소에 나가 보니 분양권을 매도하려고 하는 분이 아주 젊었다. 신혼부부인데 벌써 이런 부동산에 관심을 가지고 분양을 받아 이익을 내는 것을 보고 사실 마음속으로는 꽤 놀랐다. 결국은 마지막에 서로의 의견이 맞지 않아 계약이 성립되지는 않았다. 하지만 20~30대부터 이렇게 부동산이나 재테크에 관심을 가지고 실제로 실행하는 사람들을 보고 나도 더욱 적극적으로 공부해야겠다는 자극을 받기도 했다.

현 정부에서는 부동산의 규제강화로 대출이 까다로워지고 부분적으로 분양권 전매가 안 되지만 그 이전에는 분양권 시장에도 관심 있는 사람들이 매우 많았다. 부부라면 적어도 집에 대한 계획을 함께 자주 의논해야 한다. 집을 구입하고 싶은 생각은 있는 것인지, 아니면 계속 남의 집에 세를 살 것인지, 또 아이가 태어나면 어떻게 할 것인지 등에 대해 이야기해야 한다. 특히나 아이가 초등학교에 입학하면 함부로 이사를 할 수가 없다. 엄마, 아빠의 직장과 집의 거리도 고려하여 아이가 어느 지역에서 학교를 다닐 것인지 의논하고 계획을 세우는 것이 필요하다. 다음번에 이사 가고 싶은 곳을 적어도 5개 정도 찾고 리스트를 만들어서 가격의 변화를 계속 기록하며 관찰한다. 현재 우리 부부도 시장 조사를 계속하는 5개 리스트를 가지고 있다. 이러한 삶의 문제가 결국 돈 관리와 밀접한 관련이 있는 것이다.

집을 구입하고 싶으면 현재 소유하고 있는 자산은 얼마이고 우리가 장기적으로 거주하고 싶은 집은 얼마인지를 먼저 파악한다. 그 차이가 어느 정도인지를 알고 일정 기간 동안 얼마를 저축할 수 있는지 계획을 세운다. 한 번에 살 수 없지만 집값이 오른다는 확신이 서면 전세를 안고 사 놓는 것도 하나의 방법이다. 구입한 집의 전셋값이 현재 내가 살고 있는 전셋값보다 높으면 당분간은 가격이 낮은 전셋집에 사는 것도 하나의 재테크이다. 물론 차액만큼 대출을 일으켜 그 집에 들어갈 수도 있지만 그러면 대출이자를 지급해야 한다. 전셋값이 낮은 집에 살면서 저축으로 돈을 모아 다음 만기가 될 때 이사를 하는 것도 대출이자를 절약할 수 있는 방법이다. 수단과 방법은 여러 가지가 있을 수 있다. 먼저 부부가 앞으로의 삶에 대해서 이야기해서 공동 목표를 세우는 것이 우선이다. 목표가 세워지면 돈을 모으는 것에도 힘이 실린다. 당장 우리 집에 들어가서 살 수는 없지만 2년 뒤에 들어가서 살겠다는 희망이 있기 때문에 즐거운 마음으로 절제된 생활을 하면서 돈 관리를 할 수 있다. 그러나 현 정부가 2020년 6·17 규제에서 청담동, 삼성동, 대치동, 잠실동에 대해서는 실제 거주를 해야만 집을 살 수 있는 허가제도를 실시하였다. 이로 인해 자금이 모자라 전세를 끼고 집을 샀다가 추후에 입주하는 방법은 차단되었다. 일단 1년간 토지거래허가제도를 실시했기 때문에 이번 1년간은 허가구역 이외의 지역에서만 이 방법이 가능해졌다.

자신이 거주하고 있는 곳 주변의 부동산 사무실을 찾아가면 많은 정보를 얻을 수 있다. 하지만 다른 곳으로 이사를 가고 싶다면 일단 국토교통부 실거래가 공개시스템(http://rt.molit.go.kr)에서 전체적인 가격을 먼저 알아본다. 사이트에 접속해서 화면 오른쪽의 '실거래가 자료제공'을 클릭해보면 지역별 실거래 금액이 월별로 모두 올라와 있다. 이 파일을 엑셀화면으로 띄운 후 평형이나 가격대별로 정리하여 내가 보고 싶은 부분을 집중적으로 볼 수 있다. 이곳에서 몇 곳을 정한 뒤에 주말에 부부가 함께 현장에 가보는 것이다. 생각했던 부분과 비슷한지, 아이들 키우기에는 환경이 어떤지, 앞으로 가격상승도 기대할 수 있는지, 교통은 어떤지 등 체크리스트를 만들어서 둘러보면 당장 매매를 하지 않더라도 자신만의 데이터를 축적할 수 있다. 이렇게 조사하고 현장에도 함께 가보려면 부부관계가 좋아야 하고 서로 대화하는 것에 익숙해야 져야 한다. 한 사람이 귀찮아하거나 피곤하다고 쉬고 싶어 하면, 함께 무엇인가를 이루기가 시간이 갈수록 더욱 어려워진다. 신혼부터 이런 대화가 자연스러워질 수 있도록 부부가 함께 노력해야 한다.

그냥 한 달, 한 달의 수입으로 계획 없이 생활하다 보면 늘 그 자리의 삶을 살 수밖에 없다. 만약에 집값이 하향곡선을 그리는 시기라면 적정한 시점에 구입해야 한다. 그런데 어느 누구도 자신 있게 "지금이 가장 저점이다" 또는 "지금이 최고점이다"라고 말할 수가 없다. 지역과 평형에 따라 다 다르다. 온전히 자신의 판단을 믿을 수밖에 없는데 이때 평소에 관심을 가지고 알아본 데이터가 결정을 내리는 기준이 된다.

코스피가 엄청 올랐어도 내가 가지고 있는 주식이 내리면 의미가 없다. 반대로 코스피는 매우 하락했지만 내가 가지고 있는 주식이 오르면 개인적으로는 이익을 본 것이다. 이렇듯 부동산도 전체 흐름도 중요하지만, 무엇보다 내가 소유하고 있는 것 또는 내가 소유하고 싶어 하는 것에 대한 끊임없는 관찰이 더 중요하다. 전체적으로는 하락하는 분위기이지만 이 지역만의 특별한 호재로 가격이 오히려 상승하는 지역도 있다. 반대로 전체적으로는 상승하는 분위기지만 그 지역만 공급이 갑자기 늘어나는 시기라 가격이 떨어지기도 한다. 이 모든 것을 어느 누구도 단정적으로 이야기해줄 수 없다. 자신이, 특히 부부가 함께 의논하며 관심을 가지고 둘러보고 알아보고 촉을 세우는 수밖에 없다.

결혼을 하고 생활하다 보면 10년, 20년이 생각보다 훨씬 빨리 훌쩍 지나간다. 학생 시절에는 한 학년이 꽤 길다고 느껴졌는데 결혼 후에는 점점 시간이 빨리 지나간다고 느낀다. 남편들은 직장에서 정신없이 일하느라 시간이 빨리 가고, 아내들은 가정에서 살림하며 아이들 키우다 보면 벌써 10년이란 시간이 흘러갔다. 만약에 맞벌이 가정이라면 시간의 흐름은 두 배로 빠르게 인식될 정도이다. 그만큼 더 바쁘고 할 일이 많다. 이럴수록 부부가 함께 가정의 미래에 대해서 의논하고 계획을 세우며 실천해야 한다. 고생스럽게 10년, 20년을 맞벌이하면서 정신없이 일하고 살림하며 살았는데 20년 뒤에 남는 것이 없다면 매우 허무할 것이다.

주변에서 결혼 후 20년을 살아온 가정들을 보면 대부분 두 가지 경우로 나뉜다. 부모로부터 받은 재산이 많아서 처음부터 자가로 안정되게 사는 부부들이 일부 있고, 대부분은 부부가 열심히 일하며 모은 돈으로 조금씩 집을 늘려가는 가정들이다. 두 번째 경우는 부부가 한마음으로 돈 관리를 어떻게 잘해왔는가에 따라 차이가 크다. 사실 많은 가정들이 신혼 때나 20년이 지난 지금이나 크게 다르지 않다. 매달 수입으로 살아가기 바빴고 아이들 교육시키느라 저금할 여력이 없었다고 이야기한다. 단지 일부의 가정들만 재산도 늘려가고 노후에 대한 준비

POINT

😊 돈 관리를 잘하는 결혼 20년차 부부

• 서로 어떠한 대화를 해도 잘 통한다.
• 부부가 함께 시간을 보내는 것을 편안하게 생각한다.
• 부부가 여행하는 것을 즐거워한다.
• 주말을 의미 있고 알차게 보낸다.
• 취미 활동을 같이 한다.
• 가족을 우선으로 생각한다.

😞 돈 관리가 잘 되지 않는 결혼 20년차 부부

• 자녀 이야기가 아니면 공통의 화제가 없다.
• 부부가 함께 있는 것을 불편해하기도 한다.
• 부부가 여행하는 것보다 각자의 친구들과 여행하는 것을 더 즐거워한다.
• 취미가 서로 다르다.
• 각자의 생활을 가족의 생활보다 중요하게 생각한다.
• 돈 이야기를 꺼리고 하기 싫어한다.

도 하며 앞으로도 계속 어떻게 돈 관리를 해야 할지 늘 관심을 가지고 의논한다.

규제를 하면 할수록 사람들은 내 집을 더 소유하고 싶어한다. 차라리 시장경제에 맡겨두었다면 이렇게까지 급상승하지는 않았을 거라고 생각한다. 반복되는 강력한 규제 때문에 이때 아니면 앞으로 내 집 마련이 더욱 어려울 거라고 보는 3040세대들이 어떤 방법을 써서라도 내 집 마련에 집중한다는 기사를 어렵지 않게 볼 수 있다.

부동산 가격이 쉽게 내려가지 않는 이유 중 하나는 정보가 매우 빨리 공유된다는 점이다. 아파트가 매매되고 나서 30일 이내에 실거래가가 신고되어 공유되고 나면 집주인들이 전보다 더 비싸게 팔고 싶어하지, 더 싸게는 팔려고 하지는 않는다. 공급이 많아서 사고 싶은 집의 숫자가 사려고 하는 숫자보다 많으면 가격이 유지되거나 내려가겠지만 현 시점에서는 그렇지 않은 것이 현실이다.

우리의 삶은 살아있어서 항상 움직이고 변화될 준비가 되어 있다. 일상에서 부동산에 관심을 가지고 미리 준비되어 있으면 기회가 왔을 때 매수할 확신이 생긴다. 준비되지 않으면 부동산 가격이 아무리 하향 곡선에 있을지라도 기회라고 생각하지를 못한다. 지금 돈이 없다고 관심을 갖지 않으면 계속해서 그런 생활을 하게 된다. 처음부터 관심을 가지면 거기에 맞게 돈 관리도 하게 된다. 각자의 위치에서 현재 관심을 갖고 실행할 수 있는 일들이 어떤 것들이 있을까 생각해서 적어보자.

04 월급 관리가 기본이다

성인이 되면서 일을 하면 우리들 대부분은 월급을 받는다. 물론 처음부터 창업을 하기도 하고 직장생활을 하다가 자영업을 하기도 한다. 스스로 경영을 하는 경우에는 돈 관리가 훨씬 어렵다. 수입이 많을 때도 있고 적을 때도 있고 운영비도 매번 변경되는 등 돈을 관리하는 데 훨씬 더 골치가 아플 것이다.

월급을 받는다는 것은 일정한 수입이 정기적으로 들어오는 것이기 때문에 그래도 돈 관리는 수월해진다. 월급을 받는 직장인이라면, 월급 관리가 재테크의 기본이다. 월급 관리만 제대로 해도 마이너스 통장의 인생을 살지 않을 것이고 자산을 늘릴 수 있다. 일단 월급이 입금되면 용도에 맞게 각각의 통장에 입금해야 한다.

저축 통장

제일 먼저 자신의 월급에서 얼마를 저금할 것인지가 분명해야 한다. 월급에 따라 다를 수 있지만 일반적으로 결혼 전이라면 자신의 월급에 80퍼센트 이상을 저금할 수 있다면 좋겠다. 결혼한 가정이라면 가정의 형편에 맞게 저금할 수 있는 금액을 정하고 나머지 돈으로 생활비를 책정해야 한다. 1년 단위 적금을 들어도 좋겠다.

**보험과 연금,
기부금 통장**

일반적으로 보험과 연금은 월급통장에서 자동이체로 설정해 놓는 경우가 많다. 우리 집도 그렇게 관리하고 있다. 하지만 때로는 수입 통장은 온전히 수입만 들어오게 하고 다른 통장으로 한 번 옮겨서 이체를 하는 경우도 있다. 자신이 관리하기 편한 방법으로 하면 된다. 중요한 것은 꼭 필요한 보험인지, 적절한 연금인지, 소득공제 혜택은 모두 받고 있는지 점검해보고 전체 횟수가 몇 회이고 현재는 몇 회분을 내고 있는지는 점검해야 한다.

특별한 목적의식 없이 보험이나 연금을 많이 가입한 가정도 많다. 우리 집은 보험도 최소한만 하려고 하고 연금역시 소득공제 받는 만큼만 하고 있다. 보험은 안 들 수는 없지만 만약의 경우를 대비해서 하는 것이기 때문에 절대로 필요 이상으로 많이 할 필요가 없으며 자신의 생활비에서 10퍼센트를 넘지 않아야 한다. 또 연금이나 보험을 드는 이유가 명확해야 한다. 우리 집은 기부금도 자동이체를 신청했기 때문에 매달 일정 금액이 이체되고 있다.

생활비 통장　　한 달 생활비에 쓸 돈을 분리시킨다. 우리 집은 부식비, 외식비, 아파트 관리비, 통신비, 주유 및 자동차 관리비, 의류비가 여기에 해당한다. 하나의 통장에 생활비를 넣고 체크카드로 쓰는 것이 한도를 넘지 않을 수 있다. 나는 하나의 신용카드를 정하고 여기에 해당하는 항목들은 이 카드만 사용한다. 관리비와 통신비용도 이 카드로 결제되도록 신청했다. 카드를 사용하면 누적 금액을 문자로 받기 때문에 한 달 생활비를 매번 확인할 수 있다.

그리고 생활비를 한 달 기준으로 관리하기 편하도록 신용카드 사용 기간을 매월 1일부터 말일까지로 설정하면 실제 결제일은 그다음 달 14일이다. 카드사마다 약간의 차이는 있으니 확인해보자. 월급을 받으면 결제될 생활비를 따로 분리시켜 놓는다.

용돈 통장　　우리 집은 세 식구 각자의 용돈 통장에 매달 1일에 정해진 금액이 입금되고 체크카드를 사용한다. 이 돈은 각자가 알아서 자유롭게 사용한다. 부족해도 달라고 하면 안 되고, 혹시라도 남는다면 모아서 자신이 하고 싶은 것을 하면 된다.

단, 1년에 한 번 남편이 인센티브를 받는 달에는 남편의 용돈 통장에 넉넉한 금액을 한 번에 입금해준다. 1년 내내 열심히 일했다는 것이기에 이 돈도 철저히 남편이 사용하고 싶은 부분에 사용한다.

아이는 명절이나 친척들을 만나는 경우에 용돈을 받는데 이때 받는 용돈이 보너스 같은 역할을 하기 때문에 추가로 보너스 지급을 하지는 않는다. 처음에 서로의 합의하에 금액을 정하고 조정이 필요하다면 의논을 할 수 있겠다. 가족이 집안 경제를 함께 의논하고 목표가 분명하다면 서로가 잘 이해하기 때문에 가능한 한 맞추려고 서로 노력하게 된다.

교육비 통장

자녀들이 어렸을 때는 들어가지 않지만 점차 크면서 생활비에 많은 부담을 주는 부분이다. 아이가 어릴 때도 육아비용이 들긴 하지만 학원을 다니기 시작하면 비용이 훨씬 늘어난다. 그래서 아이들이 크기 전에 종잣돈을 최대한 많이 모아야 한다. 아이들이 초등학교 고학년이나 중학교 또는 고등학교 과정이고 더욱이 두 명 이상이면 저금할 수 있는 여력이 매우 부족하다. 그래서 아이들에게 사교육을 시키더라도 엄마가 중심을 잘 잡아야 한다. 가정의 수입과 균형을 맞추어서 예산을 세워 그 안에서만 지출해야 한다. 무조건 많이 시키는 시대는 이제 끝났다. 학원을 다니지 않은 부모 세대들은 학원을 많이 다니면 공부를 잘할 것이라 기대하고 교육비에 정말 많은 지출을 하기도 했다. 하지만 성적은 다니는 학원 수에 비례하여 나오지는 않는다. 이러한 과정을 거친 엄마들은 만약 다시 아이를 키운다면 그렇게 사교육에 많은 돈을 쓰지 않을 것이라고 이구동성으로 이야기한다.

사교육에 지출이 많아서 정작 노후 대책을 전혀 마련하지 못한 집들은 나중에 후회한다. 아이에게 어떻게 동기부여를 할 것인가를 먼저 고민하고 그 이후에 필요하다면 지출을 해야 한다. 아이가 원하는 영역에 지원을 해주는 것이 가장 좋고, 아이가 원하는 것을 모르겠다면 그것을 찾는 데 비용을 들이는 것이 오히려 현명하다.

예비비 통장

예비비 통장이 든든해야 오랫동안 돈 관리를 계획한 대로 할 수 있다. 예비비 통장에 여유가 없으면 중간에 돈 관리를 포기하게 된다. 어떤 사람들은 예비비 통장을 지름신 통장이라고도 한다. 그만큼 비정기적인 지출을 담당하는 통장이다. 명절과 어버이날, 부모님 생신 등 부모님께 드리는 돈, 가족이 1년 중 여행할 비용, 비정기적인 경조사비용, 예상치 않게 가는 병원비용 그리고 노트북이나 집에서 필요한 물건들을 바꿀 일이 있으면 예비비 통장에서 지출할 수 있도록 매달 일정 금액을 이 통장에 이체해 놓는다. 생각보다 예비비 통장이 매우 중요하고 비용도 많이 필요하다.

나는 너무 세분화시키면 관리하기가 불편해서 예비비 통장을 다소 범위를 넓혀 사용한다. 예비비 통장에 매월 일정 금액을 입금해놓고 체크카드를 가지고 있다. 그래서 이러한 비정기적인 지출이 있을 때마다 이 통장에 있는 체크카드를 사용하면 일반적인 생활비가 증가할 일을 막을 수 있어서 안정된 수입과 지출 관리에 훨씬 효율적이다. 이렇게 하지 않으면 지출이 들쑥날쑥해서 어떤 달은 초과 생활비 지출이 발생하고, 어떤 달은 마이너스가 생기면서 관리가 느슨해지며 '어떻게 되겠지' 하는 생각이 또다시 스멀스멀 올라오게 된다. 어찌 보면 월급 관리와 통장 관리에서 예비비 통장 관리가 제일 중요하다고 해도 과언이 아니다. 일반적으로 비정기적인 예비비 지출 때문에 균형적인 관리가 어렵다고 느끼고 포기하는 경우가 제일 많기 때문이다.

이렇게 우리 집은 각자의 용돈을 제외하고 생활비 통장, 교육비 통장, 예비비 통장으로 나누어서 관리하고 있다. 분리하지 않으면 어디에 얼마를 쓰는지 모르고 한 달, 한 달이 지나간다. 주수입인 월급이 제대로 관리되어야 종잣돈을 모으려고 노력하고, 모은 돈으로 재테크를 해서 재산을 증식할 수 있다. 돈이 생기면 재테크를 하겠다고 생각하면 돈이 모이지를 않는다. 목표를 정하고 일상적으로 관리를 하는 사람들이 그렇게 하지 않는 사람들보다 훨씬 돈을 잘 모은다.

05 계획하고 기록하자

돈 관리는 언제부터 해야 할까?

수입이 생기는 시점이 곧 돈 관리를 시작해야 하는 시점이다. 사실 초등학교, 중학교, 고등학교 시절에도 한 달에 정해진 용돈을 받는 사람은 받은 용돈에서 어떻게 지출할 것인지를 계획하고 지출한 것을 기록하는 생활습관을 가져야 한다. 그런데 학생일 경우에는 부족하면 부모님께 더 받을 수 있다는 막연한 기대를 하기 때문에 철저한 돈 관리를 하기가 쉽지 않다. 아무리 늦어도 고등학교를 졸업한 이후부터는 직장인이든 대학생이든 반드시 수입과 지출에 대한 관리를 시작해야 한다.

졸업 후 바로 취업을 하여 처음으로 수입이 생기면 사고 싶은 것도 많고, 친구 만날 일도 많고, 여행도 가고 싶고, 하고 싶은 일들이 늘어난다. 그래서 첫 1년 동안은 돈을 번다는 기쁨에 생각 없이 지출을 하게 되고 소위 '돈 쓰는 즐거움'을 맛보게 된다. 친구들을 만나서도 "내가 한 턱 쏠게!" 하면 친구들이 즐거워하고 어깨가 으쓱해진다. 이런 것을 하지 말라는 것이 아니라 계획 안에서 하자는 것이다.

대학생의 경우 한 달에 용돈이 50만 원이라면 50만 원에서의 예산을 세우는 것이다. 용돈은 50만 원인데 15일쯤 되면 항상 체크카드 잔고는 5만 원 미만이다. 그러면 남은 2주의 생활비는 교통비 정도밖에 없고 점심값도 없어서 절절매는 경우가 허다하다. 기본적으로 한 달 용돈이 50만 원이라면 일주일에 10만 원 이내에서 생활한다는 예산을 세우고 실행해야 한다. 4주에 40만 원으로 예산을 세우고 10만 원은 예비비로 따로 분리시킨다. 일주일 용돈이 10만 원이라면 이것을 다시 세분화시켜야 한다. 교통비와 식비, 사람을 만날 때 쓰는 교제비, 문화생활비, 책이나 교재를 사는 비용 등 돈을 어디에 써야 하는지를 미리 계획하고 지출하면 조금 더 돈에 대해서 관리할 능력이 생긴다.

대학생의 경우는 학기 중이든 방학이든 아르바이트를 하는 경우가 많다. 일시적으로 아르바이트를 하더라도 그때 생긴 수입을 통장에 넣어두고 잘 관리하면 돈을 지배할 수 있다. 돈을 관리한다는 것은 내가 삶을 주도적으로 살기 위한 방법이다. 돈이 많다고 해서 우리의 인생 자체가 무조건 행복하다고 생각하지는 않는다. 하지만 하고 싶은 일이 있는데 돈이 없어서 못하는 것은 참 안타까운 일이다. 돈 관리를 하면 내가 더 중요하다고 생각하는 부분에 지출의 우선순위를 두게 된다. 이런 생활습관이 쌓이면 자신의 삶을 주도적으로 자신이 원하는 방향으로 이끌어 갈 수 있다. 내가 돈 관리를 어려서부터 해야 한다고 주장하는 것은 각자의 삶을 자신이 원하는 방향으로 주도적으로 살아가자는 의미이기도 하다.

만약 금수저로 태어나서 하고 싶은 일을 모두 부모님의 경제력으로 한다면 이 사람은 진정한 삶의 주인공이라 할 수 없다. 삶에 대한 절절한 고민도 없고, 간절히 원하며 무엇인가를 얻을 기회도 없다. 언제나 편하고 쉽게 무엇인가를 손에 넣게 된다. 그러한 경우에는 손에 넣고 나면 그 고마움과 감사함을 느끼기 어렵다. 내가 고생해서 얻은 것이 아니기 때문에 얻고 난 이후에는 곧바로 관심이 떨어지고 소중함이 사라지며 싫증이 나기도 한다. 아이들을 키울 때도 부모가 먼저 해주는 것은 좋지 않다. 자녀가 무엇인가를 간절히 원할 때 그것을 도와주어야 비용도 아깝지 않고, 비용대비 효과도 좋다. 즉 효율성이 높은 것이다. 금수저가 순간 부러울 수도 있겠지만, 고기를 많이 잡아서 주는 것보다 고기 잡는 방법을 알려주는 것이 평생을 살아가는 힘을 키워주는 것이다. 내가 부모님으로부터 고기를 많이 받아서 순간 기쁠지는 모르지만 받은 고기를 다 먹고 나면 어떻게 고기를 잡아야 할지 모른다. 처음에 받은 고기의 양이 적거나 없더라도, 고기 잡는 방법을 배우고 내 것으로 만들 수만 있다면 훨씬 오래 버틸 수 있는 강한 힘의 자원이 된다.

예전에는 현금을 주로 사용했다. 그때는 현금이 눈앞에 있었기 때문에 돈을 관리하기가 더 수월했다. 요즘 어느 카페에서는 현금은 받지 않는다는 안내문을 적어놓기도 한다. 이렇듯 요즘은 대부분 현금 대신에 카드를 사용하기 때문에 사실 지출에 대한 감이 없는 것이 사실이다. 그렇다고 시대를 역행하며 현금만 써야 한다고 주장하는 것도 현실성이 떨어진다. 미래학자들은 곧 동전이 없어지고 현금도 사라질 것이라고 말한다. 카드를 쓰면 돈 관리가 안 되서 현금만 써야 하는 사람은 돈 관리를 잘하는 사람이 아니다. 카드를 쓰면서도 자신의 지출을 통제하고 계획된 예산 안에서 생활할 수 있는 사람이 진정으로 돈 관리를 잘하는 사람이다.

단, 신용카드보다는 체크카드 사용을 권한다. 왜냐하면 신용카드는 현재 돈이 없어도 원하면 물건을 구입하거나 소비를 할 수 있지만, 체크카드는 현재 나의 현금 잔고범위 내에서 지출을 하는 것이라 현금이 없으면 지출을 할 수 없기 때문이다. 신용카드를 생각 없이 사용하면서 여러 개의 신용카드로 돌려 막기를 하게 되고 최악의 경우에는 신용불량자가 되기도 한다. 젊어서 이렇게 돈 관리가 안 되는 사람은 나이를 먹어서도 이러한 습관이 고쳐지지 않는다. 그래서 돈 관리도 어려서부터 시작해야 한다고 하는 것이다.

그런데 어느 누구도 이러한 것을 제대로 알려주지 않는다. 대학생이 되어 용돈을 받거나 또 아르바이트를 하면 통장에 돈이 들어오고, 이 돈을 자유롭게 사용하면서 돈을 쓰는 것에는 익숙해지는데 돈을 어떻게 관리하는지에 대해서는 잘 모른다. 부모님들도 아껴 쓰라고만 하고 구체적으로 예산을 세워 그 안에서 계획하고 지출하라고 알려주지는 않는다. 우리는 진로나 경력에 대해서는 그 중요성을 많이 강조한다. 관련 분야에 있는 사람을 만나보고, 책도 읽으며, 상담도 하고 고민을 하면서 많은 시간과 정성을 들인다. 하지만 돈 관리에 대해서는 '어떻게든 되겠지'라고 생각하며 적극적으로 공부하지 않는다.

내 자신이 건강하고, 주변에 있는 사람들과의 관계가 편하며 하고 싶은 일을 하면서, 경제적으로 크게 고민하지 않을 때 우리는 행복하다고 느낀다. 하지만 모든 것이 갖추어져 있다고 해도, 경제적으로 빚에 쪼들린다든지, 대출이자를 갚을 날짜는 다가오는데 갚을 준비가 안 되어 있거나 신용카드 납기일이 다가오고 있는데 결제할 돈이 없다면 마음이 불안하여 안정된 생활을 할 수 없다. 수입이 많고 적음이 중요한 것이 아니라 나의 수입이 얼마이고 나의 지출이 얼마인지를 명확히 아는 것이 기본이다.

용돈을 받든, 아르바이트를 하든 수입은 항상 수입통장에만 들어오게 하자. 그리고 한 달 생활비로 쓰는 체크카드 통장에 매월 1일에 생활비를 송금한다. 30만 원이든, 50만 원이든, 100만 원이든 자신의 생활비를 체크카드가 연결된 통장으로 이체하고 책정한 예산 안에서 생활을 한다. 그리고 매일 저녁에 그날 쓴 비용을 다이어리나 어플, 엑셀 파일 등을 활용하여 기록한다. 스마트폰 어플을 사용하게 되면 매번 사용한 금액의 총액이 한눈에 보여서 이번 달에 사용한 금액을 실감할 수 있다. 누적 금액을 보지 않으면 막연하게 느끼는데 어플을 통해서 이번 달 누적 총액을 보면 내가 이번 달에 쓸 금액이 얼마 남지 않은 것을 알게 되어 지출을 자제하게 된다.

나 같은 경우는 엑셀 파일을 사용하고 있다. 요즘은 사용한 내역이 문자로 오기 때문에 자기 전에 컴퓨터에 휴대폰에 온 문자를 보고 입력한다. 혹시나 자기 전에 못했다 하더라도 2~3일에 한 번씩만 해도 휴대폰 문자를 보면서 하는 것이기 때문에 놓칠 염려도 없고, 시간도 2~3분이 채 걸리지 않는다. 다만 현금으로 지출한 것을 놓칠 수 있다. 이런 경우는 잊어버리기 전에 꼭 기록해야 한다. 내가 지출한 돈을 기록하는 것만으로도 돈 관리의 50퍼센트는 성공이다. 대부분의 사람들이 내가 얼마 썼는지를 모른다. 한편으로는 관심도 없고 알고 싶지도 않다. 어쩌면 일부러 외면하는지도 모르겠다. 돈을 많이 모았으면 좋겠다고 막연히 생각은 하는데 구체적인 행동은 하지 않는 것이다. 어떻게 돈을 모을 수 있을까를 깊이 있게 생각해보지 않는다. 그저 버는 돈이 변변하지 않으니 늘 쓸 돈이 부족하다고 생각하고, 쓰는 데도 부족하니 돈을 모을 생각조차 하지 않는 경우가 대부분이다. 그래서 처음 수입이 생길 때부터 스스로 돈을 관리해야 하는 것이다.

돈을 관리한다는 것은 '돈을 안 쓴다'가 아니라 얼마의 돈을 벌고 있고 어떻게 돈을 쓸 것인가를 내가 원하는 대로 정하고 실천하는 것이다. 남에게 돈을 빌려 달라거나 하는 등의 피해를 주지 않고, 내가 벌어들이는 범위 내에서 삶의 방향을 정하고 나의 행복을 위해서 산다는 의미이다.

**돈 관리를 위한
5단계 기본 과정**

첫째, 나의 수입을 한 통장에 모으고 한 달 생활비만 체크카드 통장에 이체한다.

둘째, 한 달 생활비의 예산을 항목별로 기록한다.

셋째, 예산 안에서 지출하려고 노력하고 매일 밤에 그날 지출한 항목을 휴대폰 어플이나 엑셀이나 다이어리에 기록한다. 기록하면서 예산 안에서 지출되고 있는지 확인한다.

넷째, 일주일 단위로 주말에, 주로 일요일 저녁에 나의 예산과 지출이 잘 이루어지고 있는지 점검한다.

다섯째, 월말이 되면 실제로 지출한 비용이 예산을 넘어서지 않았는지 확인한다. 예산을 넘었으면 왜 넘었는지 원인을 파악하고 스스로 해결점을 찾는다. 한 달 생활비 중에서 남는 금액이 있으면 이 금액은 예비비 통장으로 이체한다. 다음 달 예산을 세우고 다음 달 1일에 수입이 들어오는 통장에서 생활비 통장으로 한 달 생활비를 이체한다.

이렇게 5단계로 돈 관리를 하면 항상 나의 현금흐름을 파악할 수 있다. 수입이 들어오는 통장에서 지출을 하게 되면 들어오고 나가는 돈을 정확하게 계산하기 힘들다. 대략 이 정도 수입이니까 이 정도는 소비를 해도 된다고 생각하고 대부분의 수입을 지출하기 쉽다. 지출 통장을 따로 분리하고 그 안에서 소비를 하면 통장 잔액을 확인하면서 한 달 지출을 통제할 수 있게 된다.

만약에 신용카드를 사용한다면 무조건 일시불로 결제해야 한다. 무이자 혜택이 있다고 할부를 하게 되면 또 예산과 지출에서 숨은 지출이 발생하게 된다. 물건은 지금 소유하고 돈은 3개월에서 6개월까지 나누어서 내면 다음 달 생활비를 당겨서 쓰는 꼴이 된다. 무엇인가 비용이 많이 드는 것을 사고 싶다면 그것도 미리 예산을 세워서 돈을 먼저 모은 후에 지출해야 한다. 여행을 가더라도 미리 예산을 세우고, 돈을 모은 다음, 지출해야 한다. 일단 물건을 먼저 사는 습관부터 없애야 한다. 처음부터 이런 습관을 들이지 않으면 물건을 먼저 구입하는 습관이 나를 지배하게 된다.

나는 빚을 가지고 무슨 일을 하는 것을 매우 싫어한다. 물론 큰 부자가 되려면 은행 돈을 대출해서 그 돈으로 이자보다 많은 수입을 창출하여 자산을 늘리라고 한다. 이론적으로는 100퍼센트 맞는 말이다. 하지만 이 또한 사람의 성향에 따라 다르다. 리스크가 클수록 많은 이익을 낸다고 하는데 우리 부부는 그런 성향의 사람이 아니다. 돈을 더 벌겠다고 욕심을 과하게 내면 언제 돈으로 인한 어려움을 겪게 될지 모른다고 생각한다. 나는 큰 부자가 되기 위해 모험을 하지 못하는 사람이다. 우리 부부는 우리가 열심히 그리고 성실히 일해서 수입을 창출하며 그 안에서 계획을 세워 지출하고 목표로 하는 자산을 만들어 가면서 안정된 행복을 꿈꾸는 사람이다. 그래서 강남의 집을 사는 데도 결혼 후 오랜 시간이 걸렸다.

20살이 되어 성인이란 이름표를 받았을 때 꼭 수반되어야 하는 것이 돈 관리이고 경제적인 독립이 수반되어야 진정한 성인이라고 할 수 있다. 돈을 제대로 관리할 수 있을 때 정신적으로도 안정되고 망상을 꿈꾸지 않는다. 현실적인 판단이 가능해지고, 계획할 수 있으며, 한 단계 한 단계를 이루면서 비로소 자신이 원하는 삶을 살아갈 수 있다. 돈 관리를 계획하고 기록하는 습관을 키우는 것을 고층건물을 짓는 작업에 비유해본다면, 20대의 돈 관리는 건물의 기초공사를 단단하고 튼튼하게 만들어주는 다지기 단계라고 할 수 있다.

단기, 중기, 장기 계획의 필요성

나는 결혼한 첫해부터 엑셀에 가계부를 쓰고 현재 우리 집의 자산상태를 표로 작성했다. 사실 나는 회계에 대해서 아는 것이 전혀 없다. 재무, 회계 분야의 전문가이기도 한 남편은 회계가 사는 데 꼭 필요한 기본 지식이라고 종종 말하곤 했다. 그리고 신혼 때부터 초보자도 읽을 수 있는 회계 관련 책을 권하기도 했는데, 이상하게 그쪽 분야의 책은 읽고 싶은 마음이 생기질 않았다. 읽고 싶은 책은 하루에 한 권도 거뜬히 읽는데 관심이 가지 않는 책은 참 시작이 어렵다. 그 정도로 회계에 관심이 없었지만, 그래도 우리 집의 수입과 지출에 대해서는 매우 정확하게 기록했다. 단순하게 들어오고 나가는 금액, 현재 통장에 있는 금액이 얼마인지를 정확하게 기록하는 것이 전부였다. 우리 집의 현 자산이라고 말하기도 쑥스러울 정도로 가진 것이 없었지만 앞으로의 계획을 짜면서 저축할 금액을 미리 정하고 저축한 금액으로 하고 싶은 일들을 기록하며 상상하는 것은 항상 즐거웠다. 이러한 과정은 지금도 여전히 즐겁다.

학창시절을 보내고 결혼을 하고 아이를 낳고 키우면서 살아보니 그 순간에는 참 어렵고 힘겨운 시절이라고 생각했는데 지나고 보면 위기가 기회라는 말이 맞는다는 생각을 하게 된다. 어려운 일을 당할 때는 당황스럽고 '왜 나에게 이런 일이 생길까' 하고 원망하는 마음도 생기지만 그 상황을 지혜롭게 이겨내고 나면 그로 인해 더 성장할 수 있었다는 것을 깨닫는다.

나는 결혼하고부터 해마다 12월이면 현재의 자산상태를 정리하고 다음 년도 12월의 예상자산 상태의 숫자를 적는다. 그리고 5년 뒤, 10년 뒤의 자산이 어떻게 변할지도 대략적인 숫자를 기록한다. 물론 중간에 예상하지 못한 IMF를 온몸으로 겪으면서 남편의 수입이 끊기는 등 심각한 변화도 있었다. 그런 경우에는 그 상황에 맞게 다시 우리의 계획을 변경하기도 했다.

단기 계획의 필요성

단기 계획은 바로 눈앞에 보이는 시점이라 돈을 모으기에 매우 좋다. 기간을 길게 하면 이자율은 조금 높을지 모르지만 오래 해야 한다는 부담감 때문에 지치기도 한다. 그런데 1년 만기 적금을 하면 바로 1년 뒤에 목돈을 받을 수 있어서 돈을 모았다는 기쁨을 바로 누릴 수 있다.

1년 만기 석금을 받고 나면 그 돈은 다시 1년 예금으로 넣고 이자를 받는다. 그리고 1년 만기 적금을 다시 시작한다. 가능한 한 1월에 적금을 시작해서 12월에 만기가 되도록 계획한다. 그러면 2년 뒤에는 그 전에 받은 1년 만기 적금과 올해 또 새롭게 한 적금이 모두 만기가 되어 2개의 적금이 모여서 조금 더 큰돈이 된다. 기간이 짧기 때문에 다른 일이 생기더라도 웬만하면 중간에 해약하지 않고 1년을 채울 수 있다는 장점도 있다.

이러한 목돈을 만들기 위해서는 예비비를 잘 관리하는 것이 매우 중요하다. 보통은 3개월의 생활비를 예비비 통장에 넣어두라고 한다. 그러나 우리 집은 그렇게까지 할 여력이 없었다. 보통 1개월 생활비 정도가 예비비 통장에 있었고 나머지는 모두 적금 통장에 넣었다.

살림을 하다 보면 1년 중에서 설과 추석이 있는 달과 5월의 지출이 평상시의 생활비보다 훨씬 더 많다. 만약에 행사 때마다 80만 원 정도 지출을 한다면 1년에 240만 원의 비용이 들어가는 것이고 그러면 이 금액을 12개월에 나누어 매달 20만 원씩 예비비 통장에 넣는다. 그리고 행사가 있는 달에 예비비 통장에서 80만 원을 출금하여 사용한다. 가능한 한 예산에서 벗어나지 않도록 지혜롭게 지출하는 것이 중요하다. 이렇게 하려니 부부가 함께 의논하고 계획하는 것은 필수적인 요소이다. 만약에 남편이 이러한 사항을 모르면 모처럼 식구들이 모였으니 기분 좋게 한턱 쏘겠다며 비싼 곳으로 가서 식사를 하자고 하는 등 예상치 않은 행동을 할 수도 있다. 이렇게 미리 계획을 세우고 필요에 따라 지출하면 특별히 지출이 많은 달에도 크게 스트레스 받지 않고 가계를 운영할 수 있다. 장기 계획도 중요하지만 단기 계획을 꼼꼼하게 잘 세우고 실행할 때 중기, 장기 계획도 실행될 가능성이 커진다.

중기 계획의 필요성 돈이 조금씩 불어나는 것을 보면 부부가 더 합심하게 된다. 왜 돈을 모아야 하는지, 이 돈이 모이면 어떻게 재투자를 할 것인지, 어디에 사용할 것인지를 분명하게 알기 때문에 필요하지 않은 곳에 굳이 지출하겠다는 이야기는 서로 하지 않는다.

예전에 어떤 젊은 남자분이 하는 강의를 들은 적이 있다. 결혼한 지 2년 정도 지나고 첫째를 임신하게 되었는데 아내가 출산일이 가까워지자 남편에게 이런 이야기를 했다고 한다.

"출산하고 산후조리원에 있다가 집으로 돌아오면 침대 위에 멋진 선물이 기다리고 있겠지?"

남편에게 자신이 원하는 명품가방을 선물해달라는 것이다. 강사인 남편은 외벌이로 많이 힘들었지만 아내가 원하는 것이기에 무리해서 선물을 해주었다고 한다. 그러면서 청중들에게 "여자들에게 있어서 명품가방을 갖는다는 건 매우 중요한 일인 거지요?"라고 농담 반 진담 반의 이야기를 했다.

가정경제를 꾸리면서 부부의 합의하에 첫 아이를 낳은 후 아내에게 선물할 명목으로 몇 백만 원이 책정되어 있으면 다행이고 잘한 일이다. 하지만 그렇지 않고 아내가 무조건 선물을 받고 싶다고 해서 남편이 선물 비용을 마이너스 통장에서 지출했다면 올바른 가정경제가 아니라는 것이 내가 말하고 싶은 포인트다. 왜냐하면 이러한 가정에서는 다른 일도 비슷하게 감정적으로 일을 처리할 가능성이 많기 때문이다.

중기 계획을 가지고 있다면 출산이나 아이에 대한 계획, 이사에 대한 계획 등과 연계하여 고민해보는 것이 좋다. 현재 좁은 집에서 살고 있지만 4년 뒤에는 아이가 태어나고 지금보다 더 넓은 집으로 이사하겠다는 계획과 동시에 다른 중기 계획을 세우는 것이 바람직하다. 결혼할 때 집을 구하기 위해 대출이 있었다면 이 대출을 언제까지 갚겠다는 것도 중기 계획에 들어간다. 대출 없이 약 3000만 원 정도를 모은다고 계획하면서 그 돈을 어떻게, 어디에 투자할 것인가를 미리 정하고 준비할 수도 있다. 한때 부동산 가격이 가파르게 오를 때 일부 투자자들은 매매가와 전세금액의 차이가 매우 적은 부동산을 적은 투자금액으로 매수하여 매매가격이 오르면 다시 파는 갭 투자로 이익을 보았다. 우리 부부는 이런 식의 투자는 위험하다고 생각하여 하지 않았지만 이러한 부동산 시장의 흐름과 이자율이 낮은 상황을 이용하여 수익을 내는 사람도 많았다.

현 정부에서는 갭투자에 대해서 규제에 규제를 더하고 있다. 갭투자라는 것은 전세를 안고 집을 사놓고 나중에 전세 빼줄 돈이 모아지면 그 집에 들어가 내 집을 만드는 것이다. 이 방법은 아주 오래전부터 행해지고 있는 레버리지 투자법이다. 정부가 강력하게 갭투자를 막으려고 하는 이유는 소수의 사람이 너무 많은 집을 소유하면서 그 지역의 가격을 움직이게 하는 일이 빈번하게 일어나기 때문이다. 한때는 집의 개수를 늘려가는 게 유행처럼 번진 적도 있었다. 나는 개인적으로 이 방법을 권하지는 않는다. 일시적으로 집의 가격이 떨어지고 전세 만기가 돌아와 전세금보다 집의 가격이 더 낮아지면 이 일을 감당할 수가 없다. 언제나 과하게 하다 보면 부작용이 발생한다. 전세를 레버리지로 이용해 내 집을 마련하는 정도라면 안전하게 자산을 늘릴 수 있는 방법이라고 생각한다.

중기 계획을 세울 때 중요한 것은 '돈을 얼마만큼 불리겠다'와 '불린 돈을 어떻게 재투자할 것인가'를 동시에 계획하는 것이다. 처음에는 막연할 수 있지만 이렇게 '5년 안에 얼마를 모으겠다'라고 생각하면 그 5년 동안 공부하고 준비할 수 있는 시간이 주어진 것이다. 의논하고 계획하지 않은 가정과 부부가 중기 계획을 함께 세운 가정은 5년 뒤에 너무도 큰 차이가 날 수밖에 없다.

장기 계획의 필요성

장기 계획은 다소 막연할 수도 있다. 너무 구체적일 필요는 없지만 큰 그림은 그려야 한다. 장기 계획은 보통 10년 후의 계획을 말한다. 결혼한 가정은 자녀에 대한 계획을 세워야 하고, 아이가 성장함에 따라 교육비가 증가하는 것도 계획에 넣어야 한다. 양가 부모님이 점차 나이가 들면서 건강이 나빠질 수 있다는 것도 예측할 수 있어야 한다.

만약 30대 초반에 결혼을 한다면 일반적으로 40대 초반에 수입이 가장 많지만 이때는 지출도 가장 많은 시기라는 것을 염두에 둬야 한다. 미리 10년 단위로 로드맵을 그릴 수 있다면 부부가 가장 중요하게 생각하는 일들을 진행할 수 있는 시기이기도 하다. 싱글이라면 자신의 삶에서 이루고자 하는 것을 가장 확실하게 이룰 수 있는 시기이다. 장기 계획을 어떻게 세우느냐에 따라 삶의 방향이 달라질 수 있다. 삶의 주체는 자신임을 알고 스스로 어떠한 인생을 살기 원하는지 10년의 장기 계획을 세울 수 있다면 생활에 활력이 생기고 중간에 어려운 일이 있더라도 잘 이겨낼 수 있는 버팀목이 될 것이다.

우리의 계획은 언제든지 변경될 수 있다. 하지만 계획을 세우려면 여러 가지 생각을 해야 한다. 왜 돈을 모아야 하고, 저축하면 무엇에, 어떻게 사용할지를 고민해야 하기 때문에 돈을 모으는 것이 어렵고 힘들다고 느끼지 않고 삶의 일부로 받아들일 수 있다. 오히려 계획을 실행할 시점이 점점 가까워진다고 생각하면 돈을 모으는 일이 즐거운 일이 된다.

단기, 중기, 장기 계획이 있는 사람은 얼만큼 저축을 해야 하고, 얼만큼 써도 되는지가 매우 분명하다. 그러면 자신이 세운 우선순위에 맞게 지출하는 습관이 생기기 때문에 이에 필요한 자기절제력도 자연스럽게 길러진다.

07 성공률이 높은 목표를 세우는 것부터 시작하자

초등학교 때면 누구나 한 번쯤은 100미터 달리기를 한다. 특별히 훈련을 받지 않아도 참여할 수 있는 것이 100미터 달리기다. 우리가 100미터 달리기를 할 때 집중할 수 있는 이유는 목표가 바로 눈앞에 있기 때문이다. 100미터를 10초 안에 달리는 사람도 있고 20초에 달리는 사람도 있다. 또 1분에 들어오는 사람도 있을 것이다. 이들의 공통점은 모두 자신이 할 수 있는 한 최고의 속력으로 결승점까지 달릴 수 있도록 최선을 다한다는 것이다. 그러나 42.195킬로미터를 뛰어야 하는 마라톤은 아무나 할 수 없다. 특별한 훈련을 받거나 장기간 연습을 통해서 또는 동아리에서 매주 달리기 모임을 가지면서 오랜 시간 준비기간을 거쳐야만 마라톤 대회에 참가할 수 있다.

목표를 작게 설정하는 것이 성공의 비결이다. 무리하게 목표를 세우면 중간에 포기하는 경우가 대부분이다. 마인드맵 전문 강사분이 강의중에 이런 이야기를 했다. 아버지가 70살이 되는 해에 작은 전시회를 열어드리고 싶었는데 그러려면 2000만 원이 필요했다. 아버지가 70살이 되기까지는 5년 정도 시간이 있는데 이 금액을 혼자서 모으기에는 다소 부담스러웠다. 마인드맵을 그리면서 방법을 찾았고, 동생과 함께 5년 동안 2000만 원을 모으기로 목표를 정했다. 결국 한 사람이 5년 동안 1000만 원을 모으면 된다. 다시 쪼개면 1년에 200만 원을 모으면 되고 한 달에 15만 원 정도를 모으면 이자를 합하여 5년 동안 약 1000만 원을 모을 수 있다는 결론이 나왔다. 5년에 2000만 원을 모으기는 부담스럽지만 한 달에 15만 원은 저축할 수 있다. 그렇게 동생과 함께 월 15만 원씩 5년 동안 모았고, 아버지가 70살이 되던 해에 가족들과 함께 의미 있는 시간을 보낼 수 있었다는 것이다.

『3배속 재테크를 위한 부부의 습관』(정은길 제)을 보면 싱글일 때보다 결혼 후에 맞벌이를 하니 부부 모두 수입이 늘었다는 내용이 나온다. 그런데 또 돈을 쓸 곳이 많다 보니 오히려 결혼 전보다 지출이 더 많아지고 돈이 모이질 않아서 부부가 곰곰이 생각하며 의논하게 되었다. 대화를 하면서 서로의 꿈에 대해서 이야기하게 되고 서로를 알게 되니 인생을 설계할 때도 더 선명하고 자신 있게 목표를 세울 수 있었다. 부부는 사진작가가 되고 싶다는 남편의 꿈을 이루기 위해 1년의 해외여행을 계획했다. 그래서 둘이 함께 3년 동안 열심히 일하고 저축하여 1년간의 해외여행 비용 7000만 원을 마련할 수 있었다. 그리고 여행 후 3개월의 생활비를 미리 준비하고 집을 살 때 받았던 대출은 결혼 후 3년 동안 모두 갑았다. 이것이 가능했던 이유는 부부가 함께 목표를 세우고 실천했기 때문이다.

목표를 세우고 나면 돈을 모으는 것이 고통이 아니라 새로운 희망을 실현하기 위한 즐거운 디딤돌이 된다. 목표가 분명하면 현재의 삶을 미래를 위해 참는다고 생각하지 않는다. 당당하게 현재를 즐길 수 있는 자신감이 생긴다. 사람이란 명확한 목표를 세우고 그것을 마음속에 희망으로 새기면 얼굴에 웃음꽃이 피고 생활에 활기가 넘친다. 목표가 없고, 왜 해야 하는지, 무엇을 해야 하는지, 어떻게 해야 하는지를 모르는 사람들은 그저 눈앞에 일어난 일들을 해결하느라 하루하루를 바쁘게만 살아간다. 하지만 목표를 세우고 생활하는 사람들은 하루하루를 지내는 것이 자신의 삶에서 중요한 의미가 있고, 머지않아 다다를 즐거운 목표에 오늘이 행복하다.

우리 가족은 한 달에 20만 원씩 따로 여행비용을 저금하여 가능한 한 1년에 한 번은 가족여행을 한다. 한 달에 20만 원을 저금하는 것은 크게 어렵지 않다. 240만 원으로 가능한 지역도 있고, 다소 부족한 경우에는 예비비에서 충당한다. 각자의 삶에서 무엇을 우선순위로 두는지에 따라 삶의 방식이나 가정문화가 달라진다. 우리는 결혼 초부터 여행이 삶에서 중요한 역할을 한다고 생각했다. 무작정 생각만 하고 돈을 따로 모으지 않았다면 실천할 수 없었을 것이다. 그런데 항상 여행비용에 해당하는 돈은 따로 저금했기 때문에 여행이 부담스럽지 않았다. 해마다 가족이 함께 여행을 떠날 것을 상상하면 기대감으로 평상시에 열심히 일하고 저축하는 것이 즐겁게 느껴졌다. 대신에 충동적으로 사고 싶거나 예상치 않은 지출이 생길 때는 자제하게 되었다. 항상 머릿속에 우리의 수입과 지출 계획이 짜여 있기 때문에 이것을 벗어나면 정작 우리가 원하는 것은 못하게 된다고 생각하니 한 번 더 신중하게 생각하게 된 것이다.

처음에는 자유여행을 많이 다녔다. 미국 서부를 2주 동안 자동차로 여행할 때는 스마트폰이 지금처럼 일상화되지 않은 시기였다. 그래서 처음부터 끝까지 숙박할 곳을 미리 전화로 예약했고 운전해야 하는 도로는 인터넷으로 모두 검색하여 프린트해서 작은 책처럼 만들어 가져가기도 했다. 영국에 2년 동안 거주할 때도 자동차로 런던에서 출발하여 스코틀랜드를 거쳐 다시 런던으로 돌아오는 2주간의 여행을 하기도 했다. 이런 일들이 가능했던 것은 평상시에 최대한 절약하면서 우리가 원하는 것을 하기 위해 계획된 지출을 했기 때문이다. 다양한 경험을 했던 여러 번의 가족여행은 지금 생각해도 행복하고 즐거운 기억이다.

아이가 초등학교 2학년 때는 시댁 식구들 모두와 패키지여행 상품으로 중국 베이징에 다녀왔는데 그럴 때는 가이드가 있어서 편하게 다녀올 수도 있었다. 최근에 동남아를 여행할 때는 여행사의 패키지 프로그램을 이용하기도 했다. 오히려 비용은 더 절감되고 식사와 일정을 모두 안내해주기 때문에 별 생각 없이 쉬러 가기에는 딱 좋다. 하지만 단체로 움직이기 때문에 다소 빠듯하게 움직여야 하고, 원하지 않는 쇼핑센터를 방문하느라 시간을 소비한다는 단점도 있다. 경우에 따라서 각자에게 적합한 여행을 선택하고 내가 중요하다고 생각하는 부분에 중심을 두고 계획을 짜면 될 것 같다.

이렇게 결혼을 하고 20년이 넘게 매년 해외여행을 다녀올 수 있었던 것은 우리 집이 돈이 많아서가 절대로 아니다. 삶에서 여행이 중요하다는 우리 부부의 가치관과 미리 일정 금액을 생활비에서 예비비로 저축했던 여행에 대한 목표 설정이 있었기 때문에 가능했던 것이다. 자신의 가정경제 규모에서 무리가 가지 않는 범위 내에서 목표를 설정하고 실행하면 어느 가정이나 할 수 있다. 목표를 세우지 않고 그달 그달의 수입으로 생활하다 보면 가족여행을 다녀올 목돈을 쓰기가 쉽지 않다. 똑같은 수입의 범위에서 내가 어떤 것을 우선순위로 두고 지출할 것인가를 결정하는 것이다. 이것이 바로 돈의 노예로 사는 것이 아니라 내가 돈을 지배하며 삶의 주인공으로 살 수 있는 최고의 방법이다. 가치관이 담긴 목표를 설정하고 매진한다면 누구나 돈 때문에 어려워지는 삶이 아니라 내가 주도하는 행복한 삶을 살아갈 수 있다.

이러한 모습은 아이들도 보고 배우며 자란다. 부모가 계획 없이 소비생활을 한다면 아이들도 이러한 것을 무의식중에 배우게 되고 성인이 되면 그대로 따라 한다. 돈을 어떻게 관리할 것인가를 아이들에게 잘 가르쳐주는 것은 아이들의 미래의 삶에서 무엇보다 중요한 일이다. 아이들은 부모의 말을 통해서 배우지 않는다. 한 가정에서 한솥밥을 먹고 자라면서 일상생활을 통해 매일매일, 아주 조금씩 부모의 삶의 방식을 몸으로 배우게 된다. 아이가 중학생이 되면 가정경제를 오픈하는 것도 나쁘지 않다. 우리 가정의 수입은 얼마이고, 한 달 생활비는 얼마이며, 아이에게 드는 비용은 얼마이고, 저축은 어떤 목적을 가지고 얼마큼 하고 있는가를 알려준다. 자신에게 드는 비용을 들으면 대부분의 아이들이 놀란다. 자신이 얼마를 사용하는지도 모르고 그저 용돈은 많이 받을수록 좋다고 생각하는 경우가 많기 때문이다. 너무 어려서부터 굳이 돈에 대해서 가르칠 필요가 없다고 생각하는 분들도 있겠지만 내 생각은 그렇지 않다. 워런 버핏도 11살 때 아버지로부터 100달러를 받아 주식투자를 시도했다. 아무 개념 없이 20살 성인이 되는 것보다 중학교 때부터 세상의 현실에 대해서, 돈에 대해서 조금씩 정확하게 인식하도록 돕는 것이 아이가 주도적으로 독립하는 데 도움이 된다. 이렇게 되면 아이들도 자신이 사고 싶은 것이나 돈을 쓰고 싶을 때 무조건 하겠다고 주장하지 않는다. 미리 목표를 정하고 그에 맞게 준비하려는 생각을 하게 된다.

"인생은 'Birth'와 'Death' 사이에 'Choice'가 있다"는 말도 있다. 우리는 수많은 선택을 하면서 살아간다. 돈을 사용하는 것도 마찬가지다. 내가 월 100만 원을 사용할 권한이 있다면 이것을 어디에 사용할 것인가를 선택하면서 사는 것이다. 월 1000만 원을 사용할 권한이 있다면 어떤 것을 우선순위로, 어디에 더 가치를 두고 쓸 것인지는 자신이 결정해야 한다. 엄마들 모임에 나가면 한 달 생활비 300만 원으로 가정을 꾸리면서 별로 불편함 없이 당당하게 생활하는 엄마가 있다. 또 어떤 엄마는 1000만 원의 생활비로 한 달을 살림하는데 매번 부족하다고 불평하기도 한다. 행복의 기준은 수입의 많고 적음이 아니다. 우리 가정의 수입을 내가 통제하며 사는지, 아니면 수입에 나의 삶이 통제를 당하는지를 생각해야 한다.

돈에 대해서 구체적이고 현실 가능한 목표가 세워져 있는 사람은 시간 관리도 잘한다. 시간이 남는다고 백화점에 가서 아이쇼핑을 한다든지 하는 예상치 않게 소비를 할 환경을 만들지 않는다. 백화점이나 쇼핑몰에 자투리 시간을 보내려고 들어갔다가 생각보다 세일을 많이 하는 품목이 있으면 당장 필요하지 않아도 사고 싶은 마음이 생기는 것이 사람이다. 정상가보다 30퍼센트 또는 50퍼센트 세일하면 돈을 번다고 착각하기도 한다. 하지만 그곳에 가지 않았다면 그 비용마저도 내 지갑에서 나가지 않아 지출이 0이 되기 때문에 저렴하게 샀다고 결코 잘했다고 할 수는 없다. 세일 기간에 저렴하게 좋은 물건을 구입하면 득템했다고 좋아하기도 한다. 물론 사야 할 리스트에 있는 물건을 실제 가격보다 저렴하게 구입했으면 잘한 일이지만 꼭 지금 사야 할 것이 아닌데 세일을 많이 한다는 이유로 구매를 했다면 잘한 쇼핑이 아니다. 그리고 세일 기간에 가면 사야 할 물건과 사지 않아도 되는 물건을 구별할 능력이 떨어진다. 쇼핑을 갈 때도 꼭 사야 할 물품 리스트를 가지고 다니는 습관이 중요하다. 리스트에 없는 것이라면 세일을 한다고 해도 과감히 지나칠 수 있어야 한다.

여자들은 옷을 사러 갔을 때 가장 실수를 많이 하게 된다. 바지가 필요해서 사러 갔는데 티셔츠를 세일하면 꼭 산다. 세일한다고 살 것이 아니라 내가 입었을 때 잘 어울릴 것인가, 아니면 내가 집에 있는 어떤 옷이랑 매치해서 입을 것인가를 꼭 생각해보고 사야 한다. 나는 계절이 맞지 않는 아이템을 사는 것을 좋아하지 않는다. 예를 들어 겨울에 쇼핑을 갔는데 '창고 대방출'이라면서 여름상품을 아주 싸게 파는 경우가 있다. 겨울에 여름 샌들을 싸게 사는 것은 좋지만 색깔이든, 디자인이든, 나와 어울리지 않는 것을 싸다고 사면 사실 그 계절이 되었을 때 제대로 활용하지 못하는 경우가 더 많다. 물건을 미리 사 놓고 그 시기가 되었을 때 한 번도 입거나 신어보지 않고 다시 재활용함에 넣은 경우도 있다. 몇 번의 실패를 거친 후 나는 가능한 한 현재에 필요한 물건만 사려고 한다. 사려고 계획했던 물건만 사 가지고 오는 것이 최상이다. 그래서 쇼핑을 자주 하는 것은 돈을 모으는 데 바람직한 일이 아니다. 식품이나 생활용품을 구입하는 것과 옷이나 신발 등 필요한 물건을 구입하는 날짜를 정해놓고 그날에만 쇼핑을 하는 것이 돈을 모으는 데는 도움이 된다. 요즘은 온라인으로 구입하는 경우가 많아서 잘만 관리하면 불필요한 지출을 줄일 수 있다. 다만 습관적인 온라인 쇼핑은 지양해야 한다.

목표를 세우고 쇼핑을 하게 되면 쇼핑 시간을 절약할 수 있다. 나 같은 경우는 시간이 여유로우면 서점에 가거나 도서관에서 빌린 책을 읽는다. 개인적으로 대형서점이 가까운 곳에 사는 것은 매우 장점이라고 생각한다. 동네에 있는 서점이 너무 작으면 가서 여유 있게 책을 살펴보기가 쉽지 않다. 하지만 대형서점에 가면 요즘 나오는 신간을 마음껏 살펴볼 수 있다. 그중에서 구입하고 싶은 책들은 구입한다. 다양한 영역의 책을 읽으면 다른 사람의 생각을 알 수 있어서 좋고, 다른 사람들의 삶을 통해서 자극받고 무엇인가를 더 하고 싶다는 동기부여도 받게 된다. 모르는 영역이라도 같은 주제로 여러 권의 책을 읽고 나면 어느 정도는 지식을 얻을 수 있다. 책 읽는 것을 좋아하지 않는다면 취미활동에 시간을 보내는 것이 더 유익할 것이다. 돈을 쓰느라 시간을 보내는 것보다 여유시간을 잘 활용하여 내가 무엇인가를 더 잘하게 된다면 인생이 더 풍요롭고 행복하다고 느낄 것이다.

돈 관리를 제대로 한다는 것은 일상에서 작은 목표를 설정하는 것에서 시작된다. 큰돈을 적절하게 사용하는 사람은 적은 돈도 제대로 계획을 세워 소비한다. 눈에 보이는 목표가 있을 때, 또 그 목표가 너무 크지 않을 때 행동으로 실천하고 목표를 이룰 수 있는 가능성이 훨씬 높다는 것을 여러 경우에서 찾아볼 수 있다.

Chapter 2

MAKE MONEY PROJECT - 10억 원 만들기

★ ★ ★ ★ ★ ★ ★ ★ ★ ★ ★

01

STEP 1

1000만 원
모으기

1000만 원을 모은다고 하면 일단 기간을 정해야 한다. 막연히 '1000만 원을 모은다'가 아니라 얼마 동안 1000만 원을 모을 것이고, 그 모은 1000만 원을 어떻게 사용할 것인가를 함께 구상해야 한다. 내가 대학을 졸업하고 처음 회사를 다닐 때 월급이 50만 원 정도였다. 그러면 나는 40만 원을 저금했다. 결혼 전에는 무조건 수입의 80퍼센트를 저금해야 한다는 생각이었다. 부모님과 함께 살았기 때문에 용돈을 제외하고 나머지는 모두 저금할 수 있었다. 그래서 나는 결혼 전에 통장에 1000만 원의 현금을 갖고 있었다.

1단계는 무조건 1000만 원을 모으는 것이다. 2020년 최저임금이 1시간에 8590원이다. 일주일에 52시간 일한다고 하면 대략 178만 6720원이 나온다. 80퍼센트를 저금한다고 하면 1년에 대략 1700만 원 정도를 저축할 수 있다. 만약에 50%를 저금한다고 하면, 한 달에 90만 원씩 1년에 1080만 원을 만들 수 있다. 만약에 독립하여 주거비와 생활비가 들어간다면 상황이 달라질 것이다. 그렇다면 더 벌어야 한다. 우리가 돈을 모으기 위해서는 더 많이 벌든가 아니면 더 적게 써야 한다.

지인 중에서 대학교 졸업 후 회사생활을 하다가 캐나다로 유학을 가겠다고 결심한 사람이 있었다. 1년 후에 캐나다에 가서 1년을 생활할 계획이었는데 그러면 적어도 2500만 원이 필요하다고 계산했다. 기존에 이 사람은 월 100만 원을 저금했다. 그런데 1년에 2500만 원을 모으려면 한 달에 200만 원씩 저금을 해야 했다. 그래서 기존에 100만 원씩하던 저금을 130만 원으로 늘리고 저녁과 주말에 수학 과외 아르바이트를 하면서 70만 원을 더해 월 200만 원씩 저축하기 시작했다. 이렇게 자신이 저금할 수 있는 금액과 기간, 목표를 정확하게 정하는 것이 가장 먼저이다.

**열심히 버는데
내 돈은 다 어디로
간 거지?**

사람들은 종종 "돈이 전부 어디로 가는지 모르겠다"고 말한다. 그렇다면 이제 나의 소비 패턴을 파악해보아야 한다. 카드 명세서를 분야별로 나누어서 과거 6개월간의 통계를 살펴본다. 쇼핑을 많이 하는지, 술값이 많이 나가는지, 식비가 많이 지출되는지를 살펴보고 어느 항목을 줄일지 결정해야 한다. 일을 더 해서 수입을 늘리든지, 그동안의 지출을 살펴보고 새는 돈을 어떻게 줄일 것인지를 먼저 결정한다.

내가 사용할 금액을 정하고 쓰기 시작하면 확실히 돈 쓰는 것이 달라진다. 만약 한 달에 30만 원을 쓴다면 가능한 한 10일까지 10만 원을 넘지 않도록 노력해야 한다. 무엇인가를 사고 싶어도 11일 이후로 미룬다. 이런 식으로 정해진 금액과 정해진 기간만 잘 생각하면서 소비를 해도 계획 없이 지출하던 것과는 매우 많은 차이가 있다.

피규어를 모으는 것이 취미인 지인이 있었다. 원래 좋아하는 캐릭터가 있었는데 새로운 버전의 캐릭터가 나올 때마다 꼭 다 사고 싶어 했다. 이미 집에 아주 많은 피규어가 있는데도 피규어 사는 것만큼은 항상 자제하지 못했다. 그래서 한 달에 피규어를 하나만 사는 것으로 정했고 그 이후로는 피규어 사는 것에 신중해졌다. 한 달에 1개만 살 수 있기 때문에 어떤 피규어를 살지 두 번, 세 번 고민하게 되어 피규어 구입비용을 대폭 줄일 수 있었던 것이다.

이렇듯 나의 소비 패턴을 먼저 파악하고 어떻게 줄일 것인지를 스스로 정해야 한다. '그냥 어떻게 되겠지'라고 막연히 생각하면 상황이 개선되지 않는다.

다음(Daum)의 짠돌이 카페(http://cafe.daum.net/mmnix)에 들어가서 게시글들을 읽어보면 정말 대단한 사람들이 엄청 많다. 어떻게 저렇게까지 할 수 있을까 싶을 정도로 열심인 사람들도 많다. 일단 읽어만 봐도 자극이 되고 도전해보고 싶어진다. 그중에서 내가 할 수 있는 것들을 하나씩 실천해보는 것도 좋다. 이 카페의 우수회원들이 출간한 『부자를 만드는 부부의 법칙』이라는 책도 있다. 여러 부부가 자신의 사례를 중심으로 어떻게 재정을 안정적으로 꾸려나갔는지 자세하고 재미있게 기술해 놓았다. 나도 이 책을 읽고 외출할 때는 끄고 사용할 때만 켜는 콘센트로 바꾸었더니 5만 원 넘게 나오던 전기비가 반으로 줄었다. 이런 예는 모두 매우 작은 부분이지만 이들의 이야기를 읽으면 내 삶을 다시 점검하게 된다.

'풍차 돌리기'로 목돈을 만들어보자

돈을 모으는 것에 관심이 있는 사람이라면 '풍차 돌리기'란 말을 한 번쯤은 들어보았을 것이다. 풍차 돌리기란 마치 풍차가 돌듯이 돈을 매달 저금하여 1년 뒤에는 매달 적금을 타는 방식이다. 예를 들어 1월에 10만 원씩 저금하는 1년 만기 정기 적금을 가입하고 2월에는 신규로 10만 원씩 불입하는 1년 만기 적금을 든다. 3월에도 10만 원씩 넣는 1년 만기 적금을 가입한다. 4월에 또 10만 원짜리 적금을 들면 4개의 통장에 각각 10만 원씩 40만 원을 저금하게 되는 것이다. 이렇게 통장과 금액을 12월까지 하나씩 늘려가면 12월에는 10만 원씩 12개의 통장에 저금해야 하기 때문에 120만 원이 있어야 한다.

이제 그다음 해 1월부터는 매달 120만 원의 만기가 된 목돈을 만들 수 있다. 2월에 또 120만 원의 만기된 적금을 탈 수 있다. 이렇게 처음 1년간은 매달 10만 원씩 늘려가며 저금하고 그다음 해에는 매달 120만 원의 목돈을 타는 것이다. 이 풍차 돌리기 방법은 저금하는 습관을 들이기에 매우 좋은데 다음 달에 더 많이 저금을 하려면 덜 쓰고 돈을 모아야만 가능하다. 하지만 매달 저금해야 하는 금액이 늘어나기 때문에 무리하게 시작하면 중간에 포기할 가능성도 많다. 자신의 수입에 맞추어 가능한 금액으로 조정하는 것이 중요하다. 마음이 앞서서 시작만 화려하게 해놓고 결과를 맺지 못하는 것보다 자신이 현실적으로 해낼 수 있는 범위 내에서 실천하여 성취감을 얻는 것이 무엇보다 중요하다.

어떤 집에서는 초등학생 아이들과 1일에 1000원으로 시작해서 31일까지 매일 1000원씩 늘려서 저금하는 것을 일상의 게임처럼 하기도 한다. 이 풍차 돌리기 적금을 완성한 사람들은 모두 만족감이 매우 크다. 작지만 뿌듯한 성취감을 맛보며 계속해서 돈을 모으게 되는데 매우 재미있고 신나게 모으는 사람들이 많다. 나에게 맞는 방법이 무엇인지 그리고 금액은 얼마로 할 것인지를 정하고 시도해보자. 그리고 이런 프로젝트를 할 때는 금액이 크든 작든 식구들과 주변 사람들에게 선포하고 시작할 것을 권한다. 혼자 마음먹고 하다가는 중간에 그만두는 사람들이 많다. 하지만 주변에 알리고 나면 끝까지 해야 한다는 책임감이 훨씬 커진다. 10만 원부터 시작해서 1년 동안 풍차 돌리기를 완성하면 그다음 해 말에 1440만 원의 목돈을 만들 수 있다.

이렇게 1000만 원을 모은 후에 또다시 두 번째 1000만 원을 모으는 적금을 시작하고 이미 모은 1000만 원은 다른 곳에 투자한다. 내가 가진 1000만 원으로 투자를 하려면 공부를 해야 한다. 1000만 원으로 할 수 있는 일은 개인적인 성향에 따라 다르지만 찾아보면 매우 많다.

꼭 기억해야 한다. 처음 수입이 생길 때부터 자신만의 포트폴리오를 만들고 그 안에서 생활하면 적어도 돈 때문에 고생하는 일은 없다. 처음부터 수입 안에서 지출하는 구조를 만들면 빚 때문에 고생할 일이 없다. 처음부터 빚에 허덕이고 고생할 것이라고 생각하는 사람은 아무도 없다. 어떻게 생활하다 보니 작은 빚이 점차 커져서 나중에는 마이너스 통장에서 벗어날 수 없는 일상이 되고 만다. 절대로 마이너스 통장을 생활비로 쓰는 습관이 생기면 안 된다. 처음부터 돈을 관리하겠다고 생각해야 1000만 원을 모을 수 있고, 그다음 5000만 원도 모을 수 있게 된다.

STEP 2

5000만 원
모으기

5000만 원을 1년에 모으려면 한 달에 약 400만 원을 저금하면 된다. 한 달 월급이 200만 원인 사람에게는 턱도 없는 소리이다. 5000만 원을 모으는 데 걸리는 시간은 각자 모두 다르다.

자신의 수익으로 언제까지 5000만 원을 모을지를 먼저 정해야 한다. 5000만 원을 1년에 모으려면 매달 약 400만 원, 2년에 모으려면 매달 약 200만 원, 3년에 모으려면 매달 약 130만 원을 저금해야 한다. 4년에 모으려면 매달 약 100만 원, 5년에 모으려면 매달 약 80만 원을 저금해야 한다. 나는 무엇보다 30살 전까지 적어도 꼭 5000만 원을 모으라고 이야기하고 싶다. 월 80만 원을 저금하면 1년에 약 1000만 원을 모을 수 있다. 이렇게 5년을 하면 5000만 원이 된다.

요즘은 예전보다 결혼을 꼭 해야 한다는 생각이 덜하고, 결혼을 한다고 해도 일반적으로 30살이 넘어서 하는 경우가 많다. 앞서 말한 것처럼 돈을 관리하면 30살이 되었을 때 5000만 원을 모을 수 있고 두 사람이 만나면 1억 원이 된다. 결혼비용과 살림살이는 최소한으로 하면 목돈 1억 원으로 조촐하게나마 신혼살림을 시작할 수 있다. 최근에는 신혼부부에게 저리로 대출해주는 상품들이 있어서 모은 1억 원에 대출을 더하면 신혼집을 구할 수 있을 것이다. 모든 인생 선배들이 이야기한다. 결혼비용은 줄이고 집을 마련하는 것에 돈을 더하는 것이 훨씬 현명한 방법이라고 말이다. 아이가 태어나면 모든 것이 아이 위주로 돌아가기 때문에 좋은 살림살이는 아이가 어느 정도 크고 조금 넓은 자신의 소유로 된 집을 사서 이사할 때 바꾸는 것이 좋다. 이때쯤 새로운 살림살이로 바꾸면 삶의 활력소도 되고 돈을 모으는 재미가 한층 커진다.

제일 중요한 것은 이렇게 돈 관리를 하겠다는 생각을 20대 사회 초년생 때부터 하는 것이다. 얼마의 기간 동안 얼마를 모을 것인지를 인식하는 것이 돈 관리의 시작이다. 무슨 일이든지 현실로 이루어지기까지 인식이 우선되어야 한다. 우리가 어렸을 때 자전거를 배울 때를 생각해보자.

세상의 모든 일은 인식의 단계에서부터 시작한다. 돈을 모으고 싶다는 생각을 하는 사람은 모을 방법을 찾지만 막연히 '어떻게 되겠지'라고 생각하면 절대로 돈을 모을 수 없다.

- 1단계-인식 단계: 자전거를 타고 싶다는 생각을 한다.
- 2단계-실행 단계: 자전거를 어떻게 구하고 어디서 어떻게 연습할지 방법을 찾는다.
- 3단계-훈련 단계: 넘어지고 비틀거리며 오랜 시간 동안 배우고 연습한다.
- 4단계-능숙한 단계: 다른 생각을 하면서도 자전거를 탈 수 있는 정도의 수준이다.

**1년 단위의
적금이 좋은 이유**

현재 나의 수입과 지출을 파악하여 1년 동안 얼마를 모아야겠다는 계획을 세우고 바로 은행에 가서 적금을 가입한다. 나는 개인적으로 1년 단위의 적금을 가입하는 것을 좋아한다. 물론 3년, 5년의 장기 적금을 가입하면 다소 이자율이 높지만 시간이 길어지면 당장 목돈이 눈에 보이지 않기 때문에 중간에 해약할 수도 있고 돈을 모으는 재미가 덜하다. 하지만 1년 만기 적금을 들면 생각보다 1년이란 시간이 매우 빨리 지나간다. 한 달에 80만 원씩 적금을 시작하면 1년 뒤에는 약 1000만 원의 목돈을 받을 수 있다. 처음 1000만 원의 목돈을 만드는 것이 돈 관리의 시작이다. 1000만 원을 모은 사람은 1억도 모을 수 있고 10억도 모을 수 있다. 하지만 1000만 원을 모으지 못하고 계속 지출 위주의 삶을 살며 돈 관리에 관심이 없는 사람은 당연히 1억 원을 모으는 것도 어려워할 것이다.

처음부터 1억을 모으겠다고 하면 너무 힘들다. 등산을 하더라도 처음부터 설악산, 지리산, 한라산을 등반하려고 하면 여행 계획도 짜야 하고 비용도 많이 들며 휴가도 내야 한다. 그러면 자꾸 미루게 된다. 하지만 서울시내에 있는 관악산이나 북한산, 도봉산처럼 가까이 있는 곳은 집에서 전철을 타고 아무 때나 갈 수 있다. 이것도 멀다고 느낀다면 동네 산을 가면 된다. 이렇게 쉽게 할 수 있는 일은 누구라도 언제든지 행동으로 옮길 수 있다. 작은 산을 올라가다 보면 시원한 바람과 함께 내려다보는 경치의 아름다움을 알게 되면서 조금 더 높은 산이 가고 싶어진다. 그러면 찾아보게 되고 계획하게 되고 더 적극적으로 행동으로 옮길 수 있도록 몸과 마음이 움직인다.

책을 읽는 것도 마찬가지이다. 처음부터 100권을 읽겠다고 마음먹으면 자꾸 미루게 된다. 하지만 서점에 가서 한 바퀴 둘러보다가 가장 관심이 가는 책 한 권을 읽게 되면 재미있어서 그 분야의 두 번째 책을 읽게 된다. 그러다 보면 그 분야에 대해서 알고 싶은 마음이 생겨 점점 더 많은 책을 읽게 된다. 책을 읽을 때도 가능하면 관심이 가는 한 분야의 책을 집중해서 읽어보라고 권하고 싶다. 그러면 자연스럽게 더 많은 책을 접할 수 있고 나중에는 연계된 다른 분야의 책도 눈에 들어오게 된다.

돈을 모으는 것도 마찬가지다. 현재의 상황에서 할 수 있는 아주 쉽고 작은 것부터 오늘 당장 실천하는 것이다. 1년에 1000만 원을 모을 수 없는 상황이라면 1년에 500만 원을 모을 계획부터 세우면 된다. 나는 대학에 다닐 때도 과외 아르바이트를 하면서 적금을 했다. 매달 과외금액 중 일정한 돈을 은행에 저금하고 1년 뒤에 목돈을 받을 때가 되면 행복했다. 그 기분이 좋아서 또 느끼고 싶어서 적금을 타자마자 또 다른 적금을 시작하게 된 것 같다.

무엇보다 중요한 것은 돈을 모으면서 나의 재산을 어떻게 늘릴까에 대해 끊임없이 관심을 가지고 공부해야 한다는 것이다. 이렇게 1000만 원을 모으고 2000만 원을 모으면서 돈 관리를 공부하면 실제로 5000만 원이 되었을 때는 자신만의 노하우를 가질 수 있다.

우리 집의 경우는 5000만 원까지는 주로 은행에서 판매하는 금융상품에 투자를 했다. 자신이 거래하는 주거래 은행과 시중의 큰 은행에 가서 금융상품에 관한 충분한 설명을 듣는다. 개인의 성향에 따라 다르기 때문에 많은 정보와 주변의 경험담을 토대로 자신의 성향에 맞는 투자 방법을 찾아야 한다. 여러 번 상품 설명을 듣다 보면 나에게 맞는 상품을 결정할 수 있다. 나는 매우 소극적인 투자자이고 원금 보장형에 관심이 많았기 때문에 빠르고 크게 재산을 증식하지는 못했지만 꾸준히 안정적으로 자산을 늘릴 수 있었다. 누누이 강조하지만 무엇보다 처음 목돈을 어떠한 방법으로 얼마의 기간 안에 모을 것인가를 정하는 것이 목돈 5000만 원을 모으는 데 기본 중에 기본이다.

가능하다면 학교를 졸업하고 결혼 전까지 자신만의 목돈 통장을 만들어야 한다. 미국이나 캐나다 같은 경우는 고등학교까지는 집에서 다니다가 먼 지역의 대학으로 진학하게 되는 경우가 많아서 대학생부터 자연스럽게 독립하는 경우가 많다. 하지만 우리나라 같은 경우는 결혼 전까지 부모님과 함께 생활하는 경우가 많다. 원래 지방이 집이고 서울로 직장을 다니는 사람은 성인이 되면서 독립하겠지만 대학이나 직장을 기존에 살던 지역에서 계속 이어서 다니게 되면 대부분 부모님 집에서 생활을 하게 된다. 이때가 돈을 모을 수 있는 가장 좋은 시기이다. 기본적으로 가장 비싼 주거비와 생활비를 부모님의 도움으로 해결할 수 있으니 약간의 용돈만 있으면 나머지는 모두 모을 수 있는 최고의 기회이다. 그런데 대부분 이 시기에 계획 없이 지출을 많이 해서 돈을 잘 모으지 못하는 경우가 많다. 이 시기에 돈 관리를 잘하는 사람은 결혼을 해서도 돈에 대해 신중하게 판단하고 잘 관리한다.

월급을 받으면 적금부터 이체하자

수입과 지출을 통제하고 구별된 통장 관리로 예산 안에서 생활해야 한다. 수입이 들어오는 날에는 무조건 저축을 먼저 하고 생활비를 구분해야 한다. 현금을 찾아서 영역별로 나누어 봉투에 넣고 사용한다는 집도 있다. 그러면 실제로 생활비가 줄어드는 것이 눈에 보이기 때문에 지출을 절제하게 된다. 우리 집 같은 경우는 수입이 들어오는 날에 생활비와 각자의 용돈 통장, 생활비 통장, 예비비 통장에 나누어서 각각 입금한다. 그리고 그 범위를 넘지 않으려고 노력한다.

새로운 것을 사고 싶을 때는 정말 필요한 것인지 두세 번 더 생각해보고 결정한다. 때로는 최근에 산 물건을 생각하고 사기 전의 마음과 사고 난 이후의 마음을 비교해본다. 사실 생각해보면 사는 순간에만 기분이 좋지, 지나고 나면 별다른 마음이 들지 않는다. 굳이 없어도 생활하는 데 불편하지 않다면 구입하지 않는다. 꼭 필요하다고 생각하는 물건을 사야 한다면 예비비로 충당이 되는지 살펴보고 안 되면 구입 시기를 조금 늦춘다. 이렇게 마음을 먹으면 충동구매가 훨씬 줄어든다. 또 비싼 물건을 산다고 해도 할부는 하지 않는다. 무이자라고 카드 할부를 하게 되면 당장은 지출비용이 적은 것처럼 보이지만 할부도 여러 개 모이면 카드 결제일이 부담스러워진다.

사람들을 만날 때도 너무 놀고먹는 모임보다는 서로에게 도움이 되고, 성장이 있고, 마음을 나눌 수 있는 모임에 시간과 비용을 들인다. 정말로 종잣돈을 잘 모으는 사람들은 철저하리만큼 비용에 민감하고 절제력이 뛰어나다. 갑자기 필요한 물건을 사거나 여행을 가기 위해 30만 원이 필요하다면 자신의 용돈에서 평상시에 지출하던 비용을 절약하여 한 달에 5만 원씩 6개월을 저축하여 30만 원의 경비를 만들기도 한다.

STEP 3

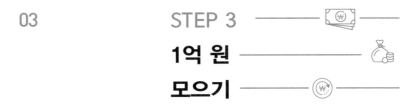

1억 원
모으기

처음 5000만 원을 모으기가 힘들지, 5000만 원을 모았으면 그다음 1억 모으기는 오히려 수월하다. 스키를 탈 때도 초급코스를 안 넘어지고 타기까지는 시간이 아주 많이 걸린다. 처음 스키를 배울 때는 신발을 신고 벗는 것뿐만 아니라 스키를 들고 이동하는 것도 힘겹다. 거기다 무조건 리프트를 타고 초급코스에 올라가서 슬로프를 내려오는 것이 아니라 바닥에서 넘어지고 일어서는 것부터 정말 걸음마 배우듯이 반나절 이상을 연습한다. 어느 정도 넘어지고 일어나는 것에 익숙해지면 100미터 정도 되는 거리의 낮은 경사에서 A자 타기를 배우며 내려오는 연습을 한다.

이제 드디어 리프트를 타고 초급코스에 올라가서 바닥까지 내려오는 것을 하는데 이때도 한 번 내려오는 데 넘어지고 일어서기를 수십 번 하면서 아주 많은 시간이 걸린다. 그래서 스키를 배울 때는 반나절을 탄다고 해도 네다섯 번밖에 리프트를 못 탄다. 그런데 어느 정도 초급코스가 익숙해지면 중급코스로 올라가는 것은 훨씬 수월하다. 중급코스에 처음 올라갔을 때는 다소 두려운 마음이 있지만 얼마 지나지 않아 경사와 속도에 익숙해진다. 여기에 조금 자신감이 붙으면 슬슬 상급코스로 올라가보고 싶은 충동이 생긴다.

상급, 최상급 슬로프는 물론 매우 가팔라서 처음에는 많이 넘어지고 무섭지만 오히려 초급코스 때보다는 훨씬 빠르게 적응하게 된다. 무엇이든 기초를 다질 때 시간이 많이 소요되고 점차 익숙해지면 상승속도가 빨라진다는 것이다. 이렇듯 돈 모으기도 처음이 어렵지, 한 번 목돈을 모아 보면 그다음 단계로 올라갈 때는 처음보다 훨씬 수월하다. 그래서 부자는 더 큰 부자가 되는지도 모르겠다.

두 마리 토끼를 잡아라 지인 B는 결혼하면서 두 사람이 결혼 전까지 모은 5000만 원을 가지고 전세로 신혼집을 구했다. 그리고 결혼 후 2년 동안 월 100만 원씩 저금하여 2400만 원을 저금했다. 2년 전세살이 후에는 1억 3000만 원 하는 경기도의 20평 아파트로 이사를 갔다. 모은 돈이 7500만 원 정도여서 5500만 원은 대출받았다. 그리고 이후에 3년 동안 대출 5500만 원 모두를 상환했다. 5000만 원으로 결혼생활을 시작한 이 부부는 5년 만에 자신의 집을 소유하게 되었고 1억 3000만 원에 구입한 아파트는 3000만 원이 올라서 1억 6000만 원의 재산을 갖게 되었다. 둘은 계속해서 맞벌이를 하며 아이는 5년 뒤에 가지려고 계획적으로 임신도 늦췄다. 이렇게 5년 만에 8000만 원을 모은 것이다. 맞벌이를 하고 아이는 나중에 갖겠다는 계획은 부부가 함께 결정한 것이라 이런 일이 가능했다.

나도 처음에는 2500만 원으로 방 2개짜리 다가구 주택에서 전세로 신혼집을 구했다. 1년을 그곳에서 살다가 갑자기 전세 4500만 원의 아파트로 이사하게 되었다. 대출을 받으면서 빚이 늘어났지만, 남편은 금융회사에서 근무 중이었고 나도 외국계 회사를 다니면서 맞벌이를 했기 때문에 매달 200만원씩, 우리 두 사람 월급의 50퍼센트 이상을 저축하여 1년에 2400만 원을 모을 수 있었다.

중요한 것은 이러한 상황을 만들 수 있는 실행력이다. 주변에서 무이자나 저리로 대출을 받을 수 있는지 알아보고, 아니면 순수하게 돈을 모아서 목돈이 되었을 때 어떻게 투자할 것인가를 늘 생각하고 알아보는 삶의 태도가 10년 뒤, 20년 뒤에 많은 차이를 만든다.

이사할 당시 우리가 소유하고 있던 2호선 역세권 아파트에서 지낼 수도 있었지만 2500만 원의 전세금 차이가 있었기에 우리는 전철역에서 10분 정도 떨어진 더 저렴한 곳에 살았다. 우리가 소유한 아파트는 전철역이 매우 가까워서 전세가 7000만 원이고 우리가 살고 있는 집은 같은 전철역에서 멀어서 전세금이 4500만 원이었다. 편한 것만 생각했으면 2500만 원의 대출을 받아서 이사를 했겠지만 우리는 자산을 늘리는 데 더 관심이 많았다. 다소 불편함을 감수하더라도 어떻게 하든 빨리 1억을 만들고 싶었다. 그래서 다양한 방법을 찾아보고 우리 수준에서 할 수 있는 방법들을 알아보았다.

우리나라가 급격하게 경제성장을 이루면서 우리의 부모님 세대는 부동산으로 이익을 많이 보아서 부동산은 무조건 오르는 줄만 알았다. 그런데 내가 결혼하고 20년을 넘게 살면서는 부동산이 마냥 오르는 것이 아니라 한참 올랐다가 내렸다가 다시 오르는 것을 몸소 경험할 수 있었다. 집값이 한창 떨어질 때, 즉 2010년에서 2013년에는 이제는 부동산으로 돈을 버는 시대는 끝났다고 했다. 그래서 일부러 전세를 산다고 하는 사람들도 있었다. 내 집을 소유하고 있으면 집값이 내려갈 수도 있지만 전세를 살면 언제든지 내가 원할 때 이사를 간다고 하면 전세금을 돌려받을 수 있기 때문에 내 재산을 지키는 것이라고 인식하는 사람도 많았다. 하지만 결론적으로 보자면 오르고 내리기를 하지만 장기적으로는 집값이 우 상향 그래프를 그린다는 사실을 알 수 있다.

최근 8년 동안 우리는 대치동에서 전세를 살았다. 집을 구할 당시 우리가 사는 아파트의 전셋값이 매매 가격의 85퍼센트를 넘어섰다. 아파트 단지가 매우 작기도 했고 완전 역세권도 아니기 때문에 우리는 더 이상 오르지 않을 것이라고 생각해서 의도적으로 전세를 선택했다. 실제로 우리가 사는 동안 매매 가격이 떨어지기도 했다. 그런데 현 시점에 와서는 우리가 전세를 살기 시작하던 때와 비교하면 매매 가격이 100퍼센트 정도 올랐다. 지금 생각하면 많이 안타깝지만 어쩔 수 없는 일이다. 대신 우리는 역세권의 대단지 아파트를 매수했고 현재는 많이 오른 상태이다. 이런 이야기를 하는 이유는 적어도 내 집 마련에는 적극적으로 움직이라는 말을 하고 싶어서이다.

그리고 신혼에는 자주 이사를 다니라고 말하고 싶다. 설령 전세를 살더라도 조금 더 좋은 지역으로 전세금을 올려서 이사를 다니다 보면 자산이 늘어난다. 물론 한 번 이사를 할 때마다 이사비용과 수수료가 든다. 하지만 한곳에 계속 머무르면 마음이 느긋해져서 지출도 편안하게 하게 된다. 이사를 다니다 보면 그 지역에 대해서도 더 잘 알 수 있고 가고 싶은 집이나 지역으로 옮기기 위해서 자산 관리에도 더 신경을 쓰게 된다. 다른 것도 그렇지만 부동산은 자신이 직접 전셋집을 구해보고 자기 소유의 집을 알아보며 계약서를 쓰는 것 등이 인생에서 큰 공부가 된다.

결혼하면서 부모님이 구해 준 집에서 살며 이사를 다니지 않고 한곳에 살면 등기부등본을 보는 방법조차 잘 모른다. 전세를 구해도, 또 매매로 집을 사더라도 항상 등기부등본을 제일 먼저 살펴봐야 한다. 이 집의 소유자가 누구인지 대출은 얼마나 있는지를 살펴봐야 한다. 또한 전세로 이사하더라도 이사하는 날 동사무소에 가서 확정일자를 받아서 나중에 집에 어떠한 문제가 생길지라도 나의 재산을 보호할 수 있는 조치를 해놔야 한다. 이렇게 살면서 꼭 알아야 하는 필수적인 요소들을 잘 모르는 경우도 의외로 많다.

사실 1억으로 서울시내에서 내 집 마련을 하기에는 턱없이 부족하다. 그런데 내 집 마련이라는 목표를 세우면 돈을 더 집중적으로 관리하고 모으게 된다. 전세금을 높여 이사하는 것도 하나의 방법이고 자신은 조금 더 저렴한 전셋집에 살면서 전세금액이 높은 작은 아파트를 미리 매수하는 것도 또 다른 방법이다. 그러면 돈을 더 모아서 현재 살고 있는 전셋집에서 나중에 자신의 소유의 집으로 이사하면 순수 자산도 늘 것이고 여기에 아파트의 가격이 상승했다면 더 빠르게 자산을 증식할 수 있다.

해마다 우리 집 자산이 얼마인지 표로 작성하여 가능한 한 정확하게 알고 있어야 한다. 전체 자산은 얼마이고 부채는 얼마이며 언제까지 모두 상환하여 5년 후의 우리 집 자산은 얼마가 될 것이라는 명확한 청사진을 가지고 있어야 한다. 막연히 언젠가 1억 원을 모으겠다고 생각하면 계획하여 모으는 것보다 훨씬 시간이 많이 걸린다.

STEP 4
10억 원 모으기
프로젝트

일반적으로 사회에서 부자라고 하면 다음 두 가지 중에 한 가지라고 한다. 첫째, 연봉이 2억이 되어 36퍼센트의 소득세를 낸 후 약 한 달에 1000만 원 정도의 월급을 받는 경우이다. 둘째, 현재 살고 있는 집을 제외하고 약 10억 원 정도의 현금을 융통할 수 있는 경우이다. 이렇듯 10억은 나름 부자라는 단어와 연관이 있다. 실제로 부모로부터 많은 재산을 물려받았거나 빌딩을 가지고 있는 사람들에게 10억은 적은 돈이다. 하지만 우리들처럼 평범한 사람들에게 10억은 분명 큰돈이다. 일단 10억을 모을 수 있다면 어느 정도는 경제적인 안정을 이룰 수 있는 토대가 된다고 생각한다.

'텐인텐'이라는 다음 카페가 있다. 10년에 10억을 모은다는 것을 목표로, 재테크에 관심이 있는 사람들이 자신의 사례나 노하우를 올린다. 이 카페에 들어가서 여러 사람들의 실제 사례들을 읽는 것도 도움이 된다. 어렵게 그리고 매우 작게 시작했지만 5년 뒤의 삶, 10년 뒤의 삶이 어떻게 변화되었는지 구체적으로 자신의 이야기를 올려놓은 글들이 많이 있다. 이런 이야기를 보면 '나도 할 수 있겠구나' 하는 희망이 생기고 더 적극적으로 행동으로 옮기게 된다. 세상의 많은 사람들이 열심히 일하고 열심히 모으며 산다는 것을 느끼면 동질감도 생기고 나도 덩달아 더 열심히 해야겠다는 의욕이 생긴다.

자신의 현재의 자산 현황과 가계부를 올리고 앞으로 5년, 10년 뒤의 자산 포트폴리오를 올리는 경우도 많다. 어떤 가계부를 보면 남편과 아내의 용돈이 한 달에 15만 원인 경우가 있다. 한 달에 15만 원 가지고 생활한다는 것이 신기하기만 하다. 교통비와 점심값, 여자들은 기본적으로 화장품과 헤어에 돈이 들어가기 때문에 실제로 한 달에 15만 원으로 생활한다는 것은 불가능한 것처럼 보인다. 다양한 사례들을 읽으면서 내가 할 수 있는 사례들을 찾아보고 나에게 맞는 계획을 세우는 것도 좋다. 이 카페에 글을 올리는 사람들은 무엇보다 월급 관리가 가장 기본이고 수입과 지출을 매우 명확하게 관리한다. 주식과 금융상품, 부동산 등 자산을 늘리는 방법도 모두 다르다. 나 자신이 10억을 모으는 시점을 언제로 할지 먼저 정하고 단계별로 할 수 있는 일들을 구체화시킨다.

재무 관리를 전문으로 하는 사람들은 이론적으로는 30퍼센트는 부동산으로 가지고 있고, 30퍼센트는 금융상품에 투자하고, 나머지 30퍼센트는 현금으로 가지고 있으라고 권한다. 내가 만약 3억 원을 소유하고 있다면 거주 비용으로는 1억 원만 사용하고, 다른 1억 원은 채권이나 펀드 또는 주식을 한다는 것이다. 나머지 30퍼센트는 더 좋은 기회가 왔을 때 투자할 수 있도록 현금 확보를 하고 있으라는 이야기다. 우리 집도 꼭 이러한 비율은 아니지만 어느 정도는 세 가지 형태를 가져가려고 했다. 그런데 우리나라의 특성상 부동산을 소유한 사람들이 더 많은 부를 축적할 수 있었던 것이 사실이다. 그렇더라도 어느 한곳에 모든 돈을 투자하기보다는 항상 조금씩은 분산할 것을 추천한다.

10억 원을 모으는 데는 오랜 시간이 걸린다. 너무 단시간에 10억 원을 모으려고 하면 부작용이 생길 수 있다. 우리 집은 순수하게 결혼해서 부부가 노력하여 10억을 모으는 데 대략 15년이 걸렸다. '부동산 재테크를 잘 했으면 좀 더 빠르게 모을 수 있었을 텐데'라는 아쉬움도 있다. 기본적으로 월급을 항상 관리하고 절약하면서 모으는 것이 대부분이었다. 부동산에도 늘 관심은 많아서 알아보고 자료조사하는 것에는 열심이었지만 과감하게 투자하는 것에는 늘 주저하곤 했다.

무엇인가를 제대로 잘하기 위해서는 1만 시간을 투자하라고 한다. 우리가 매일 2시간씩 13년간 계속해서 하면 약 9750시간으로 거의 1만 시간에 해당한다. 종잣돈으로 재테크를 하더라도 천천히 많은 것을 알아보고 해야 한다. 잘 확인하지 않고 급하게 하면 나중에 가서 후회할 일이 생긴다. 부동산 같은 경우는 처음에 구입할 때 취득세를 내고, 보유하고 있을 때 재산세와 종합 부동산세를 낸다. 나중에 팔 때 1가구 1주택이 아닌 경우에는 양도 소득세를 내야 한다. 집을 매도할 경우에는 양도세를 얼마만큼 내는지를 확인하고 매수하는 것이 좋다. 일단은 사고 보자 해서 여러 채를 구입한 이후에 그다음 해에 종합 부동산세만 몇 천만 원 내는 경우도 보았다. 결국 손해 보는 사람은 부동산을 구입하는 당사자다. 아무리 옆에서 잘 챙겨준다고 해도 정작 모든 것을 체크할 사람은 바로 자신이다. 너무 많은 것을 생각하다 보면 투자하는데 걸림돌이 되기도 하지만 우리 부부는 성격상 명확하지 않으면 선뜻 저지르지를 못했다. 재테크에서는 어느 정도 도전적으로 접근하는 부부들이 더 많은 수익을 내기도 한다.

예전에는 주식이나 환율차익 또는 부동산으로 돈을 많이 벌었다고 들으면 그 사람들은 불로소득을 얻었다고 생각했다. 하지만 내가 관심을 가지고 공부를 하고 실제로 해보니 절대로 불로소득이 아니다. 회사에 출근하여 9시부터 6시까지 근무하는 것 이상의 정신적이고 육체적인 노력이 필요한 일이다. 알아야 할 정보도 많고 무엇보다 주식이든 부동산이든 사거나 팔려면 이익을 낼 수 있을 것이라는 확신이 들어야 한다. 그러한 확신이 들기까지는 많은 시간과 노력을 들여야 한다.

재테크를 일상의 일부분으로 하는 습관을 가져야 한다. 재테크를 본업으로 하는 사람을 제외하고 일반인들은 각자의 본업이 있다. 회사를 다니든 자영업을 하든 학생이든, 하물며 주부라도 모두 본업이 있기 때문에 하루 중 많은 시간을 자신의 본업에 쏟는다. 보통 출근을 하지 않고 주부라고 하면 시간이 많을 것 같지만 실제로 주부들에게 물어보면 '하루가 어떻게 가는지 모르게 빠르게 간다'고 한다. 오전에 살림하고,

오후에 아이들 챙기고, 마트 다녀오고, 식사 준비하면서 종종 엄마들끼리의 약속에 다녀오면 정말 일주일이 정신없이 지나간다. 이렇게 생활하면서 따로 시간을 내서 재테크를 해야겠다고 생각하면 쉽지가 않다. 일상에서 재테크에 관심을 가져야 삶의 일부분으로 흡수시킬 수가 있고 그렇게 해야만 10억을 원하는 기간 내에 만들 수 있다.

왕초보 주식 투자자

적은 돈이지만 잠시나마 주식을 한 적이 있다. 2015년에 우연한 계기로 LG전자 주식을 6만 원 정도의 가격으로 20주를 매수했다. 약 120만 원 정도의 투자금액이니 1억 원씩 하는 사람에 비교하면 정말 적은 금액이라 할 수 있다. LG전자 주식은 6만 원대를 하다가 5만 원대로 1년 정도 저평가되어 있었다. 2017년 6월에는 8만 원을 넘었고 2018년 초에는 10만 원을 넘었다가 2018년 말에는 7만 원 전후로 주가가 형성되었다. 2020년 7월 초에는 6만5천 원이다. 주식을 하려면 예전에는 은행에 가서 업무를 보듯이 증권회사에 가서 사고팔고를 했었는데 요즘에는 인터넷으로 모든 것을 할 수 있으니 누구나 할 수 있는 환경이다. 처음에는 계좌를 오픈해야 해서 한국투자증권에 가서 통장을 만들었다. 그 이후로는 인터넷 뱅킹처럼 프로그램을 컴퓨터에 다운로드해서 설치하고 접속한다. 그러면 인터넷으로 주식을 사고파는 거래도 하고 기존에 가지고 있던 나의 은행계좌와도 자유롭게 거래할 수 있다. 요즘에는 증권사에 가지 않더라도 온라인상으로 계좌를 오픈할 수 있게 되었다.

당시 처음으로 주식을 해보니 모든 것이 신기하기만 했다. 조금만 올라도 흥분하고 조금만 내려가도 걱정이 너무 많이 되었다. 한 번은 주유하러 가는데 주가가 막 오르고 있는 것이다. 그래서 집에 있는 컴퓨터에서 매도 주문을 내려고 다시 차를 돌려 집으로 돌아온 적도 있었다. 지금 생각하면 정말 코미디도 이런 코미디가 없다. 사실은 스마트폰에 어플을 설치하여 언제 어디서든 사고팔 수 있기 때문이다. 그리고 사거나 팔 때도 현재의 가격으로 거래를 하기보다는 내가 원하는 가격으로 매수, 매도 주문을 설정해놓으면 나의 일정을 바꾸거나 주식의 오르고 내림에 크게 당황할 필요도 없다. 정말 왕초보 시절에 겪은 일이다. 그렇게 아무것도 모르고 시작한 주식이었는데 점점 투자금액이 많아지면서 다른 주식들도 사고팔았다. 나는 LG전자, 대한항공, 대한통운, 포스코, LG화학, 현대자동차, KT&G 등 등락폭이 너무 심하지 않고 회사 자체가 탄탄하다고 생각하는 주식만 거래했다. 120만 원으로 시작했던 주식이 나중에는 3000만 원 정도로 투자금액이 증가했고 1년 후에 약 600만 원 정도의 이익을 낸 다음에는 완전히 정리했다. 그래도 1년에 20퍼센트 정도의 이익을 냈으니 왕초보치고는 나쁘지 않았다고 생각한다.

내가 1년 동안 주식을 해보면서 느낀 점은 세 가지이다.

첫째, 나의 자본금이 만약 1000만 원이라고 가정하면 반드시 30퍼센트 정도만 매수를 해야 한다. 확실하다고 처음에는 1000만 원 모두로 주식을 사버리면 나중에 내려갔을 때 대책이 없다. 300만 원 정도로 매수를 하고 지켜보아야 한다. 오르면 매도하면 되고, 10퍼센트 이상 내려가면 다시 30퍼센트를 매수한다. 이런 식으로 내가 가지고 있는 투자 금액을 조정할 수 있어야 한다. 아무리 상승할 것이라 생각하고 매수를 하여도 예상치 않은 시장의 변수들이 있기 때문에 처음에는 반드시 30퍼센트 이하만 매수를 하는 것이 안전하다.

둘째, 수익률을 정하고 해야 한다. 나 같은 경우는 수익률을 10퍼센트로 정했다. 만약 6만 원에 한 주를 샀으면 6만 6000원이 되면 무조건 파는 것이다. 아무리 더 오를 것 같아도 고민하지 않고 매도를 한다. 반대로 하락하면 자본금이 더 있으면 사지만 그렇지 않은 경우는 기다린다. 그래서 나는 사고팔고를 자주 하지 않았다. 매수를 하고 운이 좋게 바로 10퍼센트 이익이 나면 매도를 하지만 그런 경우는 별로 없다. 오르고 내리고를 반복하면서 어느 순간 10퍼센트 이익이 나면 매도를 한다. 주식도 살 때 수수료를 지불하고 팔 때는 세금과 수수료를 낸다. 너무 자주 사고팔면 수수료와 세금도 그만큼 많이 내게 된다. 그래서 이익이 너무 작을 때는 사고팔고를 했어도 생각만큼 이익이 되지 않는 경우도 있다.

셋째, 반드시 자신의 여유자금으로 해야 한다. 만에 하나라도 은행의 대출이나 돈을 빌려서 내가 이익을 더 많이 내겠다고 생각해서는 절대로 안 된다. 많은 사람들이 처음에는 적은 돈으로 경험 삼아 해보겠다고 자신의 자금으로 시작한다. 하지만 할수록 투자금이 묶이기도 하고, 손해를 보고 회복하는 자금이 필요할 때도 있으며, 또 잘되면 욕심이 생겨서 어느 순간 투자금을 늘리고 싶어진다. 이러면 결국 문제가 되는 경우가 많다. 무조건 자신의 여유자금으로만 해야 한다.

6개월 이후에 쓸 돈이라며 그 돈으로 주식을 하는 것도 나는 권하지 않는다. 때로는 돈이 필요한 그 시점에 팔 수 없는 경우도 많기 때문이다. 아니면 손해를 보고 팔아야 하는, 원하지 않는 결과가 발생할 수 있다. 그리고 누군가에게 맡겨서 이익을 내 달라고 하는 것도 바람직하지 않다고 생각한다. 정말 관심이 있으면 스스로 조금씩 주식이 어떤 것인지 체험해보고 판단하는 것이 옳다. 그리고 나의 돈으로 투자를 하면 그만큼 기업에 대해서도 더 관심을 가지고 공부하게 되고, 경제 상황에 대해서도 더 적극적으로 알려고 노력한다.

주식은 언제든지 원하면 팔 수 있는 환금성에서는 장점이 있지만, 시장이 급변할 수 있기 때문에 변수가 많아 안정적이지 못하다는 단점이 있다. 주식을 한다면 너무 단기적으로 하기보다는 다소 중기, 장기로 하는 것이 더 좋다. 또 어떤 사람들은 배당주식에 관심을 갖기도 한다. 나도 KT&G 주식을 가지고 있었을 때는 2016년 한 주당 3600원의 배당을 받기도 했다. 12월 31일에 주식을 가지고 있을 경우 그다음 해 3월에 주주총회를 하고 한 달 안에, 즉 4월 중순에 배당금을 증권회사 계좌로 입금해 준다. 일부 투자자들은 의도적으로 배당주를 사서 배당 이익을 본다고 한다. 그런데 이런 배당이 비교적 높은 주식들은 12월 말에 일시적으로 주가가 올랐다가 1월 초에 주가가 내려가는 현상이 일어난다. 그렇기 때문에 배당주라고 해서 무조건 12월 말에 사기보다는 좀 더 신중한 판단이 필요하다. 2020년에는 코로나19로 인하여 주식시장의 대변동이 있었다. 20~30% 이상 하락하기도 했는데, 오히려 이때 많은 사람들이 주식에 더 관심을 갖기도 했다. 나도 일시적으로 매입했다가 오른 후 팔았다. 코로나는 매우 오랜 시간 지속되고 있는데 주가는 생각보다 빠른 시간 안에 회복세를 이루었다. 하지만 코로나로 인한 경제적 어려움은 하반기까지 이어질 수 있기에 언제나 신중에 신중을 더해야 함을 잊어서는 안 된다. 나는 매우 보수적인 투자자이다. 더 많은 이익을 기대하기보다는 더 적은 손해에 집중한다. 큰 리스크를 책임지겠다는 마음이 있어야 수익도 크게 낼 수 있다. 이는 다소 사람의 성향에 따라 다르다고 생각한다. 코로나로 인해서 세계가 긴밀히 연결되어 있다는 사실을 몸소 느꼈다. 주식시장에서도 어느 때보다 세계화가 강하게 이루어졌다. 특히나 미국 주식에 많은 사람들이 관심을 갖고 실제로 실행했으며 나도 구글 주식을 저점에 샀다가 20% 정도의 이익을 보고 팔았다. 팔고 나면 더 오르는 것이 주식시장이라 아쉬움도 있지만, 결단하기 위해서는 언제나 용기가 필요하다. 거듭 얘기하지만 재테크로 큰 수익을 내기 위해서는 리스크를 이해하고 받아들일 준비가 되어 있어야 가능하다. 사람에 따라서 조금씩, 더디게 오래하는 재테크도 나쁘지 않다고 생각한다.

환율차익을 노려보자

한국시간으로 2016년 11월 9일, 트럼프는 미국의 대통령으로 당선되었다. 그날 1달러당 원화 환율이 1400원을 넘어섰다. 1달러당 원화 환율은 매일 변하고 있다. 우리가 1달러를 1100원인 경우에 사서 1300원일 때 팔면 1달러당 200원의 이익을 얻을 수 있다. 예를 들어 1000달러를 1100원에 사서 1달러당 1300원으로 오른 후 팔면 110만 원에 사서 130만 원에 파는 것이기 때문에 20만 원의 이익을 얻을 수 있다.

외화를 사고팔려면 먼저 은행에 가서 외화 통장을 개설해야 한다. 나는 SC제일은행에 가서 외화통장을 개설했다. 은행의 직원에게 기존에 가지고 있던 SC제일은행의 원화통장에 있는 금액으로 달러를 매수한다고 하면 그 시간의 환율을 적용하여 원화통장에서 외화통장으로 이체가 된다. 그러면 외화통장에 지금 구입한 달러가 잔고로 나타난다. 환율의 변화를 지켜보다가 예정한 수익률이 나면 다시 은행에 가서 외화통장에 있는 금액을 원화로 바꾸겠다고 하면 된다. 이제는 외화통장에 있는 금액이 원화통장으로 이체되면서 처음보다 금액이 증가한다. 물론 1달러의 시세가 1100원일 때 환전했는데 1000원으로 환율이 떨어지면 그만큼 나의 원화는 줄어들게 된다. 이렇듯 환율도 주식처럼 얼마든지 오르고 내릴 수 있기 때문에 주의 깊게 관찰하고 공부한 이후에 시도해보는 것이 좋다. 이럴 때 자신의 주거래 은행에도 가서 설명을 들어보고 두세 군데 다른 은행에 가서도 상담을 받아보자. 자신에게 가장 유리하게 우대환율을 제공해주는 곳을 방문하면 된다. 요즘에는 외환통장만 은행에서 개설하고 나면 모바일로 외화를 사고팔 수 있다. 또 주식처럼 내가 원하는 가격을 설정하고 매수, 매도를 설정할 수 있다.

그 당시 내가 직접 은행을 방문한 이유는 우대환율의 차이가 컸기 때문이다. 그리고 같은 SC제일은행이라고 해서 어느 지점이나 같은 환율을 적용하는 것이 아니고 나의 주거래 지점은 우대환율이 더 유리했다. 주식은 거래할 때 수수료와 세금이 있는데 달러를 사고팔 때는 따로 내는 세금이 없다. 이 부분이 환율을 사고팔 때의 장점이라 할 수 있다. 환율차익을 보려면 매일 환율의 변화를 관심 있게 살펴야 한다. 그래서 재테크를 일상이라고 말하는 것이다. 재테크가 일상인 사람들이 10억 원을 모을 수 있다. 금을 사고파는 사람들도 있다. 은행에 가서 금을 사고 싶다고 문의하면 자세하게 설명해준다. 새로운 통장을 개설한 후 인터넷으로 금값이 떨어졌다고 생각할 때 매입을 하고, 금값이 올랐다고 생각할 때 매도하면 된다.

실제로 하지 않더라도 은행에 가서 상담을 받아보는 것은 좋다고 생각한다. 일상에서 재테크에 대해 어느 정도 관심을 갖느냐가 중요한 것이다. 500만 원, 1000만 원만 모았어도 은행에 가서 펀드 매니저나 ESL 같은 특별한 금융상품을 판매하는 담당자와 상담을 해보자. 적어도 6개월에 한두 번은 시간을 내어 은행에 가서 상담을 받아보자. 그러면 다양한 상품이 있다는 것도 알게 되고, 요즘의 경제흐름도 알 수 있다. 물론 은행에서 상품을 설명할 때는 상품을 팔기 위한 것이라는 점도 잊어서는 안 된다. 시중은행 직원들조차 다 자세히 알 수 없을 정도로 너무나 많은 금융상품들이 나와 있다. 이익이 날 수도 있지만 손실이 나더라도 수수료는 정확히 제하고 줄어든 원금을 받을 수도 있다. 그러니 금융상품을 선택할 경우에는 100퍼센트 자신의 선택임을 명심해야 한다. 하지만 장점도 있다. 이러한 상품 설명을 들으면 돈을 쓰기보다는 모으는 것에 더 관심을 갖고 집중하게 된다. 돈이 많아야만 은행에 가서 상담을 받는 것이 아니다. 적더라도 관심을 갖고 돈을 관리하는 사람이라면 10년 뒤에 더 많은 돈을 모을 수 있다.

이렇게 관심을 갖는 사람은 기회도 더 많이 오게 되고 경제 신문을 읽는 것도 재미가 있다. 너무 모르면 내용 자체가 어렵게 느껴질 수도 있다. 하지만 내가 관심을 가지면 기사 내용도 조금씩 이해가 되고 더 적극적으로 찾아가게 된다. 은행이나 다른 금융기관에서도 정기적으로 경제흐름이나 전망에 대해 세미나를 개최한다. 시간이 된다면 자주 들으면서 앞으로의 전망에 대해 전문가의 이야기를 듣는 것도 도움이 된다. 물론 그들이 마케팅 전략으로 특정 상품을 판매하려고 세미나를 하는 경우도 많지만 자신이 주관을 뚜렷하게 가지고 있으면 흔들리지 않는다.

또 달력에 매일 주가와 환율을 기록하는 것도 재테크를 일상으로 하는 방법 중 하나이다. 나도 가능한 한 매일 책상 달력에 그날의 코스피지수와 달러환율을 기록한다. 만약에 그날 기록을 못했으면 네이버 금융을 검색해서 들어가면 코스피와 환율의 과거 기록도 볼 수 있다. 이러한 노력들이 재테크를 일상으로 만드는 습관이고 이렇게 관심이 있는 사람들이 어떤 기회가 왔을 때 판단할 수 있는 힘이 생긴다. 이러한 힘이 결국 10억 원을 모으는 힘이다.

어느 날 갑자기 재테크를 잘해서 부자가 되는 사람은 없다. 현재의 나의 삶에서 의미와 가치 있는 일을 하는 것이 중요하다는 것은 이미 말할 필요가 없다. 재테크가 일상이 되려면 매우 부지런해야 한다. 그런데 많은 사람들이 재테크는 마치 남의 일인 것 같고 나와는 상관없는 것처럼 살면서 부자는 되고 싶어 한다. 일상의 수입으로 부자가 되기에는 쉽지 않고 시간도 너무 많이 걸린다. 조금이라도 일찍부터 재테크에 관심을 가지고 생활하는 사람은 그렇지 않은 사람과 같은 월수입을 받는다고 해도 10년 뒤에 총 자산에서 큰 차이가 난다.

물론 항상 많은 이익을 내면 좋겠지만 때로는 그렇지 않을 수도 있다. 그래서 우리가 원하는 것은 손실이 난다면 최소한이 되도록 노력하고 이익이 날 때는 많이 날 수 있도록 노력하는 것이 아닐까? 아무것도 하지 않는다면 아무런 이익도 발생하지 않는다. 그리고 시행착오를 많이 할수록 점차 자신에게 맞는 재테크 방법을 찾을 수 있을 것이다. 어느 누구도 가르쳐줄 수 없다. 경험을 통해서 가장 자신이 확신하는 방법으로만 10억 원을 모을 수 있다.

아무도 예상하지 않았던 '코로나' 라는 손님이 우리의 일상을 참으로 많이 바꾸어 놓았다. 재테크와 코로나는 어떠한 관계가 있을까?

사무실로 출근하는 것이 당연한 삶이었던 우리의 일상에 '재택근무' 라는 단어가 자리잡기 시작했다. 그러면서 집이 좀 더 넓었으면 좋겠고, 집에서 근무하면서도 잠시 시간을 내어 주변을 산책하면 좋을 것 같다는 생각을 많이 하게 된다. 코로나로 인하여 집과 사무실의 구분이 모호해지고 있다. 부동산에서도 많은 변화가 일어나고 있다. 최근에는 강남의 대형 사무실 빌딩을 한 건설사가 매입하여 주거형 오피스텔로 탈바꿈한다는 기사가 실렸다. 경기도 외곽보다는 서울 도심에 살고자 하는 욕구를 반영하여 사무실 공간은 줄이고 주거공간은 더 늘리게 될 것 같다. 주식 시장도 코로나로 인하여 제약 관련, 코로나 관련 주가가 많이 상승하였다. 또한 오프라인보다 온라인 시장이 더욱 활성화 되면서 그와 관련된 주가들이 상승하기도 하였다.

재테크는 일상이고 살아서 움직인다. 10억을 모은다는 것은 늘 사회의 변화를 민감하게 인식하고 이 상황에서 내가 할 수 있는 재테크가 무엇일지 끊임없이 고민해야 하는 일이다. 경제에 관한 뉴스와 기사를 읽으면서 자신만의 전략, 노하우를 쌓아가는 것이 나의 삶의 일부가 되어야 한다고 생각한다.

05 자기계발이 가장 큰 재테크

우리 모두는 각자가 쓰는 용돈이 있다. 30만 원이든 50만 원이든 100만 원이든 자신의 용돈이 어떻게 지출되는지 아주 자세하게 적어보자. 총 얼마를 쓴다는 것만 알고 세세한 항목까지는 기억하지 못하는 경우가 대부분일 것이다. 지인들에게 슬쩍 물어봐도 대략적인 금액만 이야기하고 달마다 달라서 잘 모른다고 대답하는 경우가 많다. '나는 어느 부분에 가장 많은 돈을 사용하고 있는가'를 잘 생각해보자. 대체로 자신이 지출을 가장 많이 하는 곳이 평소 가장 신경 쓰고 관심을 두는 부분일 것이다.

외모와 꾸미는 것을 중요하게 생각하여 쇼핑에 가장 지출이 많은 사람들이 있다. 사람들과의 관계를 중요하게 생각해서 술값, 밥값, 커피값으로 많은 돈을 지출하는 사람들도 있다. 취미 생활을 중요하게 생각하여 장비를 구입하고 주말에 취미 활동을 하느라 큰돈을 쓰는 제 사람들도 있다. 새로운 기기가 나오면 제일 먼저 사용하고 싶은 욕구가 큰 사람들도 있다. 또는 자기계발에 관심이 많아 무엇인가를 배우고 강의를 듣거나 책을 구입하는 것에 서슴지 않고 돈을 쓰는 사람들도 있다. 여행하는 것을 좋아해서 여행에 관한 비용을 제일 많이 책정하는 사람도 있다.

이렇듯 우리 모두는 자신의 가치관에 따라 시간과 돈을 사용한다. 그런데 이왕이면 자신이 돈을 가장 많이 지출하는 영역에서 또 다른 수익을 창출할 수 있으면 좋을 것이다. 예를 들어 옷에 관심이 많다면 옷에 대한 지출을 많이 하는 동시에 관련 분야에서 조금이라도 수익을 창출할 수 있다면 옷에 용돈을 많이 쓰는 것이 꼭 나쁜 것만은 아니다. 소비를 하더라도 소비를 위한 소비가 아니라 생산적인 소비를 한다면 이것은 투자라고도 말할 수가 있다. 옷을 파는 곳에서 일할 수도 있고, 온라인 쇼핑몰을 운영할 수도 있으며 유튜브에 코디나 패션에 관한 영상을 올리는 등 다양한 시도를 해볼 수 있다.

여행에 시간과 돈을 많이 쓰는 사람은 취미로 여행에 관한 칼럼을 쓰거나 여행 가이드 자격증을 취득할 수도 있다. 헤어, 메이크업, 네일아트 등 꾸미는 것에 관심이 많고 그곳에 지출을 많이 하는 사람은 관련 분야에서 파트타임 일을 해보는 것도 재미있는 일일 수 있다. 지출을 많이 하는 부분에서 또 다른 수익을 낼 수 있다면 일석이조이다.

지인 중 한 분은 재테크에 관심이 많았다. 주변에서 이왕이면 공인중개사 공부를 해보라고 권유했더니 실제로 그 과정을 공부해서 시험에 합격했다. 현재는 부동산 사무실에 일하며 경제적인 부분에서 만족할 만한 결과를 얻고 있다. 또 다른 분은 평상시에 외모에 관심이 많았다. 그러다가 작은 옷 가게에 직원으로 일하게 되었는데 오전에는 자신의 시간을 갖고 오후에만 근무하고 있다. 시간적으로도 크게 방해받지 않으면서 일하는 것도 만족스럽다고 한다. 큰돈을 버는 것은 아니지만 관심이 있는 영역이라 일하는 것에도 남다른 에너지가 넘치는 것 같다.

이렇듯 특정 분야에 지출이 많다면 그 분야와 관련하여 깊이 있게 고민해보고 수익을 창출할 수 있는 방법을 찾아보는 것도 좋다. 지출을 하면서 또 다른 수익구조를 만드는 생산적인 소비를 시작하자.

요즘 세상은 하루가 다르게 변화하고 있다. 이렇게 변화하는 세상에서 가장 중요한 투자는 내 자신에 대한 투자이다. 과거 하나의 직업을 가졌던 시대와는 다르게 여러 개의 직업을 가지는 시대이다. 기존의 한 직장에서의 20년, 30년 근무하던 시절과는 완전히 다른 세상을 살아가고 있다. 이러한 시대에 맞추어 살아가려면 무엇보다 내가 좋아하고 잘할 수 있는 일을 찾아야 한다. 끊임없이 나 자신을 성장시켜야 하고 공부를 게을리해서는 안 된다. 학교에서 배우는 공부가 아니라 세상을 살아가면서 필요한 공부들을 계속해서 해야 한다. 학교 다닐 때의 공부는 선택이 아닌 주어진 공부를 하고 과제와 시험을 치러야 했기 때문에 재미보다는 해야 한다는 당위성에 충실했지만, 성인이 되어서는 내가 관심 있는 영역을 공부할 수 있어서 훨씬 즐겁게 할 수 있다.

관심 있는 분야에 관한 책을 읽거나 강의를 듣는 등 보다 적극적으로 행동하라고 하면, 자신이 무엇을 좋아하고 잘하는지 잘 모르겠다고 대답하는 사람들이 의외로 많다. 나는 이런 사람들에게 가능한 한 많은 것을 경험하고 시도해보라고 말한다. 다양한 경험들을 하다 보면 자신이 무엇을 더 즐거워하는지 알게 된다. 대부분은 새로운 것을 시도해보지 않아서 자신이 무엇을 좋아하는지 잘 모른다. 요즘은 인터넷을 통한 온라인 모임이 매우 활성화되어 있다. 이런 모임이 활성화되면 나중에는 오프라인 모임으로도 이어진다. 비용이 들어도 과감히 시도해야 자신에 대해서 더 잘 알 수 있다. 시간과 비용을 들이지 않고는 내가 얻을 수 있는 것들에는 한계가 있다. 자기계발을 어떻게 해야 할지 모르겠다고 말하는 사람도 많다. 일단 세 가지를 시도해보라고 하고 싶다.

첫째, 6개월 동안 주말마다 대형서점에 가는 것이다. 대형서점에 가서 진열된 책을 살펴보며 두 바퀴만 돌아도 사람마다 자신이 끌리는 분야가 있다. 두세 시간 정도를 서점에 머무른다고 생각하고 눈에 들어오는 책을 살펴보다가 전체를 읽어보고 싶은 책은 구입한다. 한 주에 한 권씩 구입한다고 해도 한 달이면 6만 원 정도면 충분하다. 이렇게 6개월간 서점 나들이를 하면 자신이 어떤 영역에 더 관심이 있는지 찾을 수 있다.

둘째, 관심이 가는 분야와 관련된 블로그, 카페, 유튜브 등의 SNS를 적극 활용한다. 가능하다면 카페에 가입해서 먼저 가입한 사람들의 활동을 보거나 글을 읽고 조금씩 참여한다. 혼자서 하는 것보다 관심이 같은 사람들이 모이면 동기부여도 되고, 긍정적인 자극도 받아서 나 자신도 좀 더 열심히 하고자 하는 마음이 생긴다.

셋째, 오프라인 강의나 모임을 찾아다닌다. 요즘에는 강의가 정말 많다. 저자 강연회도 있고, 세바시 같은 TV 강의도 무료로 진행되는 것이 많다. 어느 정도 관심이 쌓이고 더 깊이 알고 배우기를 원하면 유료 강의도 등록해서 듣는 것이 좋다. 나 같은 경우는 테솔(TESOL) 자격증을 얻을 때 몇 천만 원의 퇴직금을 사용했고, 코칭 관련 공부를 할 때는 1000만 원 정도의 비용을 지불했다. 책 쓰기 과정도 배우고 싶어서 유료 과정을 등록하여 결과물을 얻었고, 부동산에 관하여 배우고 싶어서 비싼 수업료를 내고 강의를 듣기도 했다. 이렇게 오프라인으로 사람들을 만나면 나 혼자 책을 읽고, 카페에서 정보를 얻는 것보다 훨씬 더 생생한 경험담을 들을 수 있다. 혼자서 하게 되면 금방 시들해질수도 있는데 이렇게 오프라인으로 같은 관심사를 가진 사람들과 만나면 더 지속적으로 깊이 있게 나의 관심사를 확장시켜 나갈 수 있다. 그러면서 나 자신도 점차 더 성장하게 된다.

나에게 시간과 비용을 투자할 때 내가 할 수 있는 분야도 더 다양해지고, 할 수 있는 능력도 더 커진다. 100세 시대를 살아가는 우리들이다. 20년, 30년 일해서 50년, 60년을 살아야 할지도 모른다. 예전의 우리 부모님 세대는 자신들을 희생하며 열심히 일하여 자식들을 교육시키고 자식들이 독립할 수 있도록 도우면 그 이후는 자식들이 부모의 노후를 책임진다. 그래서 우리 세대는 부모님을 섬겨야 하는 책임이 있다. 하지만 우리들의 자녀 세대는 완전히 다르다.

우리는 스스로 우리의 노후를 책임져야 한다. 연금이나 월세가 나오는 건물 등으로 경제적인 뒷받침을 만들어 놓는 것은 매우 중요하다. 하지만 동시에 내가 의미 있는 일을 하면서 나의 기본 생활비를 최대한 오래 벌 수 있다면 더 건강하게 나이 들 수 있을 것이다. 사람들은 '내가 누군가에게 도움이 되고, 필요한 존재'라고 인식하면 건강하게 오래 살 수 있다. 하지만 살아야 하는 이유를 잃으면 급속도로 몸과 마음이 나약해진다. 내가 무슨 일이든 제대로 하려면, 할 수 있는 능력이 있어야 한다. 가장 좋은 투자는 바로 나 자신에게 투자하는 것이다. 소비를 위한 소비가 아니라 생산적인 소비 습관을 갖는다면 나이가 들어서도 의미 있는 시간들을 보낼 수 있을 것이다. 봉사를 하려고 해도 어떤 분야에서 재능이 있다면 재능기부로 의미 있고 활기찬 시간들을 보낼 수 있다.

자기계발에 시간과 돈을 쓰는 사람은 항상 활기차고 자신에게도 만족하며 타인이나 사회를 위해서 기여할 일이 많다. 현재 내가 지출하고 있는 비용 중 나 자신의 성장을 위해서 지출하는 비용이 얼마나 되는지 다시 한 번 점검해보자. 한 달 용돈 중 적어도 30퍼센트 이상은 자신의 성장을 위해서 투자하라고 말하고 싶다.

06 돈이 되는 취미를 가져라

"취미가 뭐예요?"

우리는 일만 하면서 이 세상을 살아가지는 않는다. 일하는 시간이 있고, 쉬는 시간이 있고, 나를 즐겁게 하는 시간들이 있다. 어떤 사람들은 퇴근 후에 운동을 하기도 하고 강의를 들으러 다니기도 하며 집에서 TV를 보며 즐기기도 한다. 사실 워킹맘이라면 퇴근 후 집으로 돌아오는 것이 또 다른 출근이라는 말에 백배 공감하면서 마음이 아프다. 온종일 회사에서 일하고 피곤한 상태인데 집에 돌아오면 또다시 저녁을 준비해야 한다. 엄마를 그리워하던 아이들과 놀아주고 책을 읽어주며 학습을 도와줘야 한다. 워킹맘에게는 취미가 사치일 수도 있다. 지금 이 상태만으로도 이미 훌륭히 잘 보내고 있다. 워킹맘이 아니라면 그래도 아이들이 유치원이나 학교에 간 시간에 잠시 자신만의 시간을 가지길 권한다.

부동산 알아보는 것이 취미?

『나는 마트 대신 부동산에 간다』를 쓴 김유라 씨는 아이 3명을 키우는 엄마다. 그는 500만 원, 1000만 원의 소액을 모으고 그 모은 돈으로 전국에 있는 저렴한 부동산을 구입하여 월세를 받거나 시세차익을 보고 팔면서 수익을 늘려갔다. 처음부터 잘한 것은 아니고 관심을 가지고 공부를 하면서 조금씩 방법을 알아갔다고 한다. 부동산 투자에 있어서 김유라 씨가 가장 중요하게 생각하는 것은 수요와 공급을 파악하는 것이다. 그 지역에 새로운 기업체가 들어오거나 새롭게 이주할 인구가 많다면 그 지역에 집이 많이 필요하게 되면서 집값이 오르고, 거꾸로 그 지역에서 대기업이 이주를 하든지 많은 사람들이 그 지역을 떠나는 이유가 생기면 주택 수요가 줄어들어 공급이 넘치게 되니 집값이 떨어진다는 것이다. 이러한 정보를 얻기 위해서 신문이나 기사를 읽으면서 기업체에 관한 관심을 놓지 않는다. 이러한 정보는 관심만 갖고 찾고자 하면 누구나 얻을 수 있는 열린 정보다. 단지 조금 더 부지런한지, 열정이 있는지, 없는지의 차이이다. 기사를 읽고 부동산을 다니며 끊임없이 자신이 원하는 부동산을 찾는 것이다. 처음에는 서툴기도 하고 부족한 부분들도 있지만 점차 자신만의 노하우가 쌓여가고 수익도 늘릴 수 있다. 김유라 씨도 대전에 있는 아파트를 사고팔면서 소자본으로 2000만 원 이상의 수익을 경험하고는 더 열심히 공부하며 적극적으로 부동산 재테크에 시간과 열정을 쏟았다고 한다.

김유라 저자가 알려주는 셀프 인테리어 강의도 들었는데 정말 비용을 절약한다는 생각으로 부부가 직접 목욕탕과 주방을 수리하고 도배도 직접 했다고 한다. 페인트를 구입해서 양쪽 베란다를 칠하고 집안에 있는 문들도 페인트를 구입하여 칠하고 등도 예쁜 것으로 교체하는 등 온 집을 직접 수리한 이야기를 듣고 그분의 열정에 정말 감동했다. 그런데 이러한 상황들을 설명하는데 얼굴에서 웃음이 사라지지를 않았다. 이분은 이러한 일들을 힘들지만 즐긴다는 느낌을 받을 수 있었다. 경험을 통해 성취감을 얻으면 더 큰 것을 위해 앞으로 나아가는 힘이 생긴다. 자동차도 처음에 시동을 걸고 액셀을 밟고 출발하면 그다음은 저절로 차가 앞으로 이동한다. 우리의 몸도 마찬가지이다. 처음은 어렵고 더디고 힘들지만 일단 한번 하고 나면 그다음은 훨씬 수월해지고 그다음은 더 하고 싶어진다. 여유가 되는 시간에 무엇에 관심을 가지면 좋을까? 고민해보자.

**에어로빅이
너무 즐거워요**

지인 중에 교사로 일하던 분이 있었다. 이분은 현직에 있으면서 일주일에 3번씩 에어로빅에 했다. 워낙 스스로 음악에 맞추어 춤을 추는 것을 좋아하기도 하고 또 건강에도 신경을 쓰면서 운동한다 생각하고 꾸준히 10년을 넘게 했다. 그러던 중 이왕 이렇게 계속 할 거면 강사 자격증을 따볼까 하는 생각을 하게 되었고 실제로 에어로빅 강사 자격증을 얻었다. 선생님으로 일하면서 가정 살림도 해야 하고 여러 가지로 힘들었지만 본인이 즐겁고 좋아하는 운동이라 꾸준히 할 수 있었다고 한다. 이분은 퇴임하고 난 이후에는 문화센터에서 에어로빅 강사로 활동하고 있다. 연금도 나오고 경제적으로도 안정적이지만 여전히 자신이 젊다고 느끼고 활동하는 것을 좋아하는 성격이라 현재의 강사 활동도 너무 즐겁다고 한다. 그러니 늘 삶에 생동감이 있고 생활이 바쁘며 즐겁고 건강하다.

자신이 좋아하고 즐거운 일을 꾸준히 하다 보면 최상의 전문가는 아닐지라도 일반인보다는 훨씬 높은 수준이 될 수 있다. 10년 뒤에 어떤 분야에서 좀 더 전문가처럼 되고 싶은지 생각해보자. 단시간에 되는 일은 없다. 자신의 취미로 나중에 수입까지 생길 수 있다면 일석삼조이다. 왜냐하면 즐겁게 일할 수 있고, 돈도 벌 수 있으며, 무엇보다 이렇게 생활하는 분들은 몸과 마음이 건강하기 때문이다.

탁구를 좋아해서 탁구를 계속 배우고 운동을 하다가 나중에 은퇴한 이후에는 건물 지하에 세를 얻어 작은 탁구장을 운영하는 분도 있다. 재즈 댄스를 좋아해서 10년 넘게 배우면서 투잡으로 일주일에 3번 저녁에만 재즈 댄스 강사로 활동하는 분도 있다. 이왕이면 내가 좋아하는 취미가 무엇인가 한 번 더 생각해보고 이 취미로 나중에 할 수 있는 일은 무엇일까 연결해보는 것도 100세 시대에 나의 건강을 챙기고 돈을 관리하는 중요한 포인트가 될 수 있다.

07

관심 분야의
자격증을
따라

또 다른 지인은 회사를 다니면서 공인 중개사 시험 준비를 했다. 당장 공인 중개사 사무실을 할 것은 아니지만 평상시에 부동산에 관심이 많고 주말에 부동산을 많이 보러 다니며 경험을 쌓았다. 이분은 나중에 은퇴 후에 부동산 사무실을 운영할 계획이라고 했다. 물론 처음부터 바로 사무실을 열어서 할 수는 없겠지만 자신의 관심사를 현직에 있을 때부터 잘 관리하여 이것이 나중에 수입으로 연결될 수 있는 일에는 무엇이 있을까를 30~40대부터 고민하면서 자신만의 인생 후반전을 설계하는 것이다. 나 자신 또한 '무슨 일을 하면서 이후의 삶을 보낼까?' 고민하다가 내가 좋아하는 부동산 관련 일을 해보고 싶어졌다. 그래서 공인중개사 시험을 보고 합격하여 현재는 중개법인에서 공인중개사의 일을 하며 바쁜 일상을 보내고 있다. 매일 부동산 관련 기사를 읽고 매수자, 매도자와 연락하고 만나면서 에너지 넘치는 생활을 하고 있다. 특히나 요즘에는 주로 꼬마빌딩, 건물의 매매를 하다 보니 '어떻게 그분들은 이렇게 큰 부를 축적하였을까'에 대해서 더 관심을 갖게 되었다. 이 세상에 쉬운 일은 없다. 쉽게 무엇인가를 얻을 수 있는 것도 없다. 하지만 꾸준히 성실하게 계속 하다 보면 나도 모르게 성장해 있는 나를 발견한다. 공인중개사 일도 무척 어렵지만 열정을 가지고 일할 수 있음에 감사하며 매일 아침 즐겁게 출근하고 있다.

아들과 딸이 이제 곧 성인이 된다는 한 엄마는 자신이 예전에 하던 건축에 관계된 자격증 공부를 요즘 새롭게 시작했다고 한다. 현재의 나이를 생각하면 너무 늦은 것 같지만 아이들이 모두 대학생이 되면 엄마인 자신은 시간이 너무 많을 것 같다고 생각하여 늦었지만 다시 공부를 시작한 것이다. 그래서 지금이라도 다시 자격증 공부를 해서 나중에 미래에는 파트타임이라도 일을 하고 싶다고 한다. 이렇듯 자신이 과거에 일하던 분야와 연관하여 딸 수 있는 자격증이 있는지도 살펴볼 일이다.

최근에는 사회 복지사와 관련된 자격증 공부를 하시는 분들도 많다. 앞으로 노인 인구가 엄청 늘 것이기 때문에 노인을 상대로 일할 사회 복지사 쪽의 일자리는 계속 더 필요하다는 것이다. 그리고 이 분야는 젊은 사람들이 하기 어렵고 오히려 어느 정도 나이가 있는 사람들이 더 나이 많은 시니어를 돕기에는 적격이다. 50이 넘으면 나이가 많다고 느끼지만 70살이 넘은 할머니가 50살 된 사람을 보면 여전히 젊은이라고 말씀하신다. 모두가 상대적이다. 여유 시간에는 관심 있는 분야를 공부하고 배우자. 그러다 보면 수입을 올릴 수 있는 일들도 찾을 수 있다.

꾸준히 하다 보면
수익으로도
연결이 돼요

언어에 관심이 있는 사람은 요즘에 인터넷을 통해서 공부할 수 있는 방법들도 매우 많다. 학원을 다니면서 하는 것도 좋겠지만 자신이 관심만 있으면 방법은 찾으면 된다. 동네에 있는 문화센터에서도 적은 비용으로 배울 수 있는 것들이 매우 많다. 일주일에 1회 수업을 받더라도 1년이 쌓이고 5년이 지나고 10년이 넘으면 약 520시간의 레슨은 셈이 된다. 아무것도 하지 않는 것이 문제이다. 그리고 무엇인가를 시작하면 꾸준히 할 수 있도록 시스템을 만들어야 한다. 우리에게 늘 기회는 있다. 단지 관심이 없거나 그 기회가 왔는데도 알아차리지 못하는 것이 문제이다. 내가 깨어 있을 때 기회를 알아차리고 내 것으로 만들 수 있다. 나에게 맞으면서 돈이 되는 취미에는 어떤 것이 있을까 찾아 보자.

나 같은 경우는 어려서부터 읽고 쓰는 것을 좋아했다. 그렇다고 어려서부터 작가가 되겠다고 생각하지는 않았다. 그런데 우연한 기회에 첫 책 『좋은 선택을 이끄는 엄마, 코칭맘』을 출간하게 되었다. 이후 그 책이 계기가 되어 엄마들을 대상으로 전국의 학교와 도서관, 문화센터에 강의를 하러 다녔다. 강의를 다니면서 수많은 엄마들을 만나게 되었고 그들이 힘들어하는 부분의 이야기를 들으면서 두 번째 책 『사이다 육아 상담소』를 썼다.

돈 때문에 하고 싶은 일도 못하고 어려움을 겪는 집을 많이 보았다. 처음부터 돈 관리를 제대로 한다면 충분히 삶을 주도하며 즐겁고 행복하게 살 수 있음을 인식하고 지혜롭게 돈 관리하는 방법을 나누고 싶어서 세 번째 책을 쓰게 되었다.

『한국인이 꼭 알아야 할 30가지 남한산성 이야기』를 쓴 안미애 씨의 경우는 이렇다. 그는 남한산성이 너무 좋아서 남한산성 밑자락에 한옥을 짓고 살면서 남한산성 가이드로 자원봉사했다. 남한산성에 대한 관심과 열정이 그곳을 방문하는 사람들에게 자세한 설명과 함께 역사를 더욱 자세히 알게 하고, 남한산성에 대한 올바른 지식을 전달하는 데 도움이 된 것이다. 그리고 이러한 활동을 하면서 이러한 남한산성 이야기를 더 많은 사람에게 들려주면 좋겠다고 생각하여 책으로 엮어냈다.

이 책은 많은 아이들에게, 청소년들에게, 성인들에게 사랑 받는 도서로 자리 잡았다. 자신의 관심사를 주변 사람들에게 나누겠다는 생각으로 자원봉사를 시작했던 그 작은 시도가 더 큰 것을 이루게 하는 원동력이 되었다. 처음부터 돈을 벌겠다고 한 일이 아니다. 그저 좋아서 재미있어서 시작한 일들이 나중에는 수익으로도 연결되었다. 지금 마음속에 떠오르는 무엇이 있는가? 지금 당장 시작해보길 바란다. 내일이 아니라 지금 당장.

**글쓰기로
새로운 인생을 만나다**

『내가 글을 쓰는 이유』, 『최고다 내 인생』, 『아픔공부』, 『강안독서』, 네 권의 책을 출간한 이은대 씨를 처음에는 블로그 이웃으로만 알다가 오프라인으로도 만날 기회가 있었다. 이분은 잘 다니던 회사를 그만두고 더 많은 돈을 벌겠다는 마음으로 사업을 시작했다. 조금만 하면 더 잘될 것 같은 마음으로 대출을 내고 또 남에게 돈을 많이 빌렸다고 한다. 결국 빚을 많이 지게 되고 갚을 수 없는 상황이 되어 감옥생활까지 하게 되었다. 그런데 감옥생활을 하면서 할 수 있는 것이 아무것도 없기에 글쓰기를 시작했다고 한다. 글을 쓰면서 자신의 내면을 들여다보고, 자신의 과거를 돌아보면서 스스로를 위로하며, 미래에 대한 희망을 품었다.

감옥생활을 마치고 세상에 돌아왔지만 어디에서도 전과자라는 불명예스러운 이유로 다시 취업을 할 수가 없었다. 하지만 식구들의 생계를 책임져야 하기에 한 번도 해보지 않은 막노동판에 나가서 하루하루 벌어 생계를 이어가는 생활을 하게 되었다. 이러한 힘겨운 생활에서도 이분은 글을 쓰는 것을 하루도 거르지 않았다. 블로그 이웃들은 매일 그의 블로그에 올라오는 글을 보면서 소통하고 공감했으며, 이분 역시 주변 사람들에게 글쓰기를 권하는 등 세상과 다시 소통하기 시작했다. 세상 사람들과 연결될 수 없을 것 같았는데 글쓰기를 통해서 온전히 자신의 삶이 예전과 같은 일상의 삶으로 돌아올 수 있었던 것이다.

현재는 서울과 부산, 창원, 대구 등에서 글쓰기 과정을 통하여 사람들이 글을 꾸준히 쓸 수 있도록 하고 출간하는 것까지 도와주고 있다. 감옥에서 글을 쓰기 시작하면서 나중에 글쓰기로 돈을 벌 것이라는 것은 아마 꿈에도 생각하지 못했을 것이다. 그런데 자신이 잘하는 일을 꾸준히 하면서 나중에는 이로 인하여 생활을 할 수 있을 정도의 수입 창출이 이루어지고 있다. 단순히 돈을 벌기 위해서가 아니라 실제로 글 쓰기 과정을 듣는 수강생들에게 정성과 사랑으로 서로가 성장할 수 있 도록 성심성의껏 돕는다. 옆에서 보기에도 참 아름다운 모습이다.

요즘에는 새로운 분야도 매우 많다. 나는 잘 못하지만 주변에 캘리그라피를 잘하는 분들이 있다. 이 분야의 자격증도 있다고 한다. 미술을 잘하거나 손재주가 많은 사람들은 정말 할 일이 많은 것 같다. 처음부터 많은 돈을 벌고자 하면 부담이 된다. 처음에는 취미 활동으로 하다가 나중에 수익창출까지 될 수 있으면 더 좋을 것 같다. 단 미리 준비하고 생각하는 사람만이 기회가 왔을 때 내 것으로 만들 수 있는 것이다. 음악을 좋아하고 잘하는 사람, 인테리어에 감각이 있고 꾸미기를 잘하는 사람, 사람을 예쁘게 변화시켜주는 데 재주가 있는 사람, 사람의 심리에 관심이 많아서 심리 상담에 탁월한 사람 등 사람은 누구나 재능이 있다. 내가 좋아하는 분야를 찾고 그 재능을 키워 보자. 분명히 나중에는 좋아하는 일이 돈으로도 연결되는 기회를 만날 것이다.

내가 요즘 즐겨보는 유튜브 채널 중 "신사임당"이라는 채널이 있다. 이 채널은 주로 경제, 부동산, 주식 등 '돈'에 관한 이야기와 자기계발 등에 대해 이야기한다. 주로 저자들이 초대되어 그 분야에 대해서 자세하게 이야기하는데 인상적인 부분들이 참 많다. 내가 요즘에 가장 많이 느끼는 것은 정말로 '돈 버는 방법'이 너무나 다양하다는 것이다. 다니던 회사를 그만두고 그것보다 더 많은 수익을 창출하는 사람들을 많이 만날 수 있었다. 전업 주부이지만 인터넷을 통하여 수입을 얻는 분도 있었다. 체험단, 기자단 등 아주 작은 일을 시작하면서 고리에 고리를 연결하여 한 달에 200만 원, 300만 원을 벌기도 하였다. 처음에는 단돈 만 원 벌기도 힘들지만 일단 무엇인가를 실행하면 그 다음 단계가 눈에 보이고 도전하게 되는 것 같다. 이 채널에 나오는 분들에게 공통적으로 느낀 점은 모두 '자신만의 고민'을 하였다는 것이다. '어떻게 하면 될까?' '어떻게 하면 남과 다를까?' '소비자가 원하는 것이 무엇일까?' '극대화할 수 있는 나만의 장점은 무엇일까?' '다음 단계에 할 수 있는 일은 무엇일까?' 등 끊임없이 자신에게 질문하고 대화하면서 크든 작든 무엇인가를 이뤄냈다. 이분들의 이야기를 들으면서 나도 도전할 수 있었고, 자극도 많이 받았고 용기도 얻었다. 우리 모두에게는 할 수 있는 힘이 내재해 있다. 이것들을 내버려두지 말자. 끄집어내자.

재테크에
대한
오해 5

★ ★ ★ ★ ★ ★ ★ ★ ★ ★ ★ ★ ★

01 돈이 많아야 재테크를 할 수 있다?

　　나도 처음에는 돈이 많아야 재테크를 할 수 있을 것이라고 생각했다. 그래서 경제, 경영이나 부동산 또는 재테크에 관한 책을 잘 읽지 않았다. 종잣돈도 없었고 재테크에 관한 책은 돈이 있는 사람들이 읽는 것이라 생각했다. 나중에 알게 된 것은 진정 돈이 많은 사람들은 이런 책을 읽을 필요가 없고 오히려 돈이 없는 사람들이 관련 분야의 책들을 읽으면서 관심을 가지고 재테크에 관한 공부를 한다는 것이다. 이런 책을 계속 읽다 보면 간접경험도 할 수 있고 새로운 아이디어를 얻을 수도 있다. 그러면 자연스럽게 점차 돈을 잘 관리하게 되고 적절한 타이밍에 투자도 할 수 있게 된다.

　　사람들은 자신이 관심이 있는 것에 시간과 돈을 쓴다. 내가 도서관에서 책을 빌려서 읽든, 서점에 가서 책을 사서 읽든, 인터넷으로 주문하여 읽든, 돈 관리에 관심이 있는 사람들이 이런 영역의 책을 읽는다는 것이다. 나중에 돈이 모이면 읽어야지 하면 그만큼 돈을 모은 데 시간이 오래 걸린다. 처음부터 관심을 가지고 경제나 재테크를 일상으로 생각하면 내 생활의 일부가 될 수 있다. 재테크는 돈이 많은 사람이 하는 것이 아니라 재테크에 관심이 있고 이를 통해 나의 자산을 늘려야겠다는 강한 간절함이 있는 사람들이 하는 것이다.

처음에 일단 1000만 원을 모으면서 내가 1000만 원을 모은 후에 어떻게 재투자를 할 것인가를 공부하면서 모아야 한다. 지출할 목적으로 1000만 원을 모은다면 굳이 재테크에 관계된 공부를 하지 않아도 되겠지만 일단 1000만 원을 모은 후에 이 금액을 다시 더 크게 불리고 싶으면 어떠한 방법들이 있는지 조사해야 한다. 1억 원을 모아도 그냥 은행에 적금통장에 모아놓은 사람들도 많다. 또는 걱정이 많거나 확신이 없어서 재투자를 못하는 사람들도 있다. 재테크를 하는 데 있어서는 돈의 금액이 많고 적음을 떠나서 공부와 용기가 필요하다.

이론적으로도 충분히 살펴보고 그다음은 행동으로 움직여야 한다. 무엇이든 몸으로 직접 해본 경험이 우리에게 가장 큰 영향을 준다. 그렇기 때문에 재테크에 있어서도 1000만 원부터 꼭 스스로 방법을 찾아서 시도해야 한다. 다른 사람이 대신 이자율을 높게 해서 불려준다고 해도 절대로 맡기면 안 된다. 왜냐하면 우리는 물고기를 많이 잡아서 받아먹기를 원하는 것이 아니고 물고기 잡는 방법을 터득하고 싶기 때문이다. 그러기 위해서는 내가 스스로 해보는 수밖에 없다. 젊어서 해보지 않으면 40대가 되어도 여전히 두렵고 무엇부터 어디서부터 시작해야 할지 모른다.

일단 1000만 원을 모았다면 다음과 같은 방법들을 생각할 수 있다.

목돈 1000만 원을 다시 은행에 정기 예금으로 묶어 놓는다. 이자는 많지 않지만 목돈을 푼돈으로 만들 수 있는 위험을 없애준다. 은행 창구에 가서 해도 되지만 인터넷으로 가입하면 이자율이 약간 더 높다.

1000만 원으로 펀드나 ESL 같은 금융상품에 가입할 수 있다. 이런 상품에 가입하려면 여러 은행을 방문해서 어떤 상품이 있고 조건은 어떠한지 자세하게 설명을 듣고 자신이 판단해야 한다. 내가 직접 투자하기가 두려우면 이런 상품을 선택하는 것도 나쁘지 않다. 이런 상품은 은행 정기예금보다는 이자율이 높지만 원금손실의 우려도 있기 때문에 신중히 판단해야 한다. 은행에서 판매하는 적립식 펀드를 가입할 경우에는 매달 일정금액을 이체시켜놓는것 보다는 주식가격이 떨어질 때 더 많이 매수하고, 주식이 오를 때는 적게 사는 것이 유리하다. 귀찮다고 정해진 날에 이체하여 주식을 사게 되면 수익률이 많이 안 나올 수도 있다. 펀드나 ESL 상품은 좀 더 높은 수익률이 날 수도 있지만 원금손실이 날 수도 있는 상품이다. 나 같은 경우는 처음에는 가능한 한 원금이 보장되는 상품을 이용했다. 어렵게 모은 돈인데 처음부터 원금손실을 경험하면 재테크에서 자신감이 떨어질 것 같았다.

1000만 원으로 주식투자를 직접 해볼 수도 있다. '~카더라' 소식통으로 해서는 절대 안 된다. 스스로 충분히 공부를 하고 확신이 설 때 1000만 원 중 30퍼센트만 주식을 한다고 생각하고 처음에는 300만 원으로 매수한다. 그리고 난 후 내가 산 주식이 오르는지 떨어지는지를 살펴보고 예상수익만큼 오르면 팔면 되고, 만약에 많이 떨어지면 다시 300만 원을 더 매수한다. 그러면 내가 산 평균가격이 떨어진다. 나머지 400만 원은 정말 더 많이 떨어졌을 때 비상금처럼 가지고 있어야 한다. 정말로 필요하다고 느낄 때 나머지 400만 원을 이용해야 한다. 나 같은 경우는 여러 주식을 사고팔고 하지 않았다. 여러 주식을 사고팔기에 확신이 없었기 때문에 내가 잘 알고 있는 몇 개의 회사만 골라서 사고팔고를 했다. 절대로 서두르지 않고 여유를 가지고 천천히 해야 한다. 만약에 사용할 시기가 정해져 있는 1000만 원이라면 주식은 더욱 신중해야 한다. 내가 잠시 주식을 하다가 팔면 원금이 회수될 것 같지만 주식은 매우 예민하게 움직이는 상품이라 예상치 않게 가격이 춤을 출 수가 있다.

달러가 떨어졌다고 생각하면 외화통장을 만들어서 달러를 구입할 수도 있다. 외화통장과 원화통장으로 달러를 낮은 가격에 사서 달러가 올랐을 때 팔면 차익으로 수익을 낼 수 있다. 달러도 내가 원하는 만큼 살 수 있다. 1000만 원이 있다면 한꺼번에 사는 것보다 나눠서 사는 것을 권한다. 그리고 너무 자주 사고팔고를 하기 보다는 다소 기간을 가지고 사고파는 것을 추천한다. 달러 또한 외국의 경제시장과 연관이 많기 때문에 늘 경제 기사에 관심을 가지고 있어야 한다.

금을 매입할 수도 있다. 실제 골드바를 구입하는 경우도 있지만 금통장을 만들어서 금 가격이 떨어졌다고 생각할 때 조금씩 구입하는 방법도 있다. 금 통장에 매달 금을 사서 저축하면 일반 적금보다 수익률이 좋을 수 있다.

과거 5년간 1000만 원으로 경기도의 소형아파트에 갭 투자를 하는 사람도 있다. 갭 투자란 용어는 최근에 와서 많이 사용했지만 실제적으로는 예전부터 해오던 방식이다. 예를 들어 집값이 3억이고 내가 가진 돈은 5000만 원밖에 없다. 그런데 전세가 2억 5000만 원이면 내 돈 5000만 원으로 집의 명의는 내 이름으로 하고 그 집에는 2억 5000만 원의 전세 세입자가 살고 있는 형태이다. 2년 뒤에 그 집이 3억 5000만으로 올랐다면 나는 2년 동안 5000만 원을 투자하여 새로운 5000만 원의 이익을 얻는 것이 갭 투자이다. 아파트 같은 부동산을 구입할 때는 취득세를 내야 하고, 보유하고 있으면서는 재산세 그리고 이익이 나면 팔 때 양도 소득세를 내야 한다. 그래서 1000만 원으로 하기에는 무리가 있지만 경매나 급매를 이용하여 실제로 이렇게 하는 사람들도 생각보다 많다. 과거에는 소액으로 빌라나 서울 외곽의 소형 아파트에 투자하여 수익을 내는 사람들이 많았다. 네이버 '북극성' 카페나 다른 재테크 카페에 가입해서 보면 실제로 어느 지역에 부동산을 다녀와서 보고서를 올려놓기도 한다. 실제로 아파트를 사고판 것에 대한 자세한 투자금액에 대한 사례도 올려놓는다. 아파트 한 채를 사고팔아본 사람과 아파트 10채를 사고 팔아본 사람의 노하우는 분명히 다를 것이다. 적은 금액이라도 내가 직접 물건을 찾고 계약서를 써보고 하면 나의 재테크 실력이 향상됨은 말 할필요도 없다. 그런데 이러한 재테크는 경기가 호황이고 부동산 시장이 상승곡선을 그릴 때의 이야기다. 특히나 전세가격이 매매가격의 80퍼센트 이상일 때 가능한 이야기다. 하지만 현 정권에서는 이 방법이 통하지 않는다. 최근에 집값이 가파르게 오르기도 했고, 현재는 전세가격의 비율이 50~60퍼센트 전후로 많이 떨어진 상태이다. 앞으로 매매가격 대비 전세가격의 비율을 주의 깊게 관찰할 필요가 있다. 전세비율이 80% 이상 올라가면 이 방법을 고려해볼 수 있다. 과거 30년 동안 이 사이클이 반복적으로 나타났다. 현 정권에서의 부동산 투자 방법은 수를 늘리는 것이 아니라 질적으로 좋은 부동산 한 채를 소유하는 것이다. 시대에 따라 상황에 따라 재테크 방법이 달라야 한다. 영원한 것은 없다. 하지만 이렇게 변화에 맞추어 재테크를 하려면 항상 공부하는 자세로 있어야 한다. 정책이 어떻게 달라지는지, 세금 부분은 어떻게 되는지, 현 규제에서 내가 이익을 취하려면 어떠한 방법을 사용해야 하는지 등을 민감하게 인식하고 있어야 기회라고 생각하는 시점에 행동할 수 있다.

자본이 많아야 재테크를 잘한다기보다는 소액이라도 자신이 직접 해봐야 나의 자본이 점차 증가하기도 하고 또 해봐야 용기를 가지고 점차 다양하게 시도해볼 수 있다. '나중에 금액이 많아지면 해야지' 하는 사람들은 나중이 되어도 두려워서 시작하지 못한다. 차라리 금액이 적을 때부터 꾸준히 해야 다양한 방법들을 경험해볼 수 있다. 그리고 무엇보다도 금융이든, 주식이든, 부동산이든 자신에게 제일 잘 맞는 방법을 찾는 것이 좋다. 물론 금액에 따라서 세 가지 모두를 할 수도 있지만 대부분의 사람들은 자신에게 더 맞는 방법을 찾아 꾸준히 한다. 왜냐하면 무엇을 하든지 모두 공부를 하면서 해야 하는데 세 가지 모두를 깊이 있게 공부하며 일을 병행하기란 현실적으로 어렵다. 그러므로 처음에 소액이 생겼을 때 끊임없이 어떠한 재테크가 좋을지 최대한 적극적으로 시도해보는 것이 나중에 돈 관리도 더 잘하고 더 큰 수익을 낼 수도 있다. 나는 금융, 주식, 부동산을 모두 해본 결과 부동산이 가장 수익률도 좋고 나와 잘 맞는다고 느껴서 부동산에 관한 공부를 더 하고 싶어졌다.

02 레버리지를 최대한 이용하여 투자해라?

레버리지란 단어가 재테크에서 유행어처럼 번져나갔다. 레버리지는 지렛대 효과라고 해서 남의 자본, 즉 전세보증금이나 대출을 이용하여 나의 수익을 극대화시키는 방법을 말한다. 예를 들어 대출을 이용하여 부동산을 구입하고 부동산에서 나오는 월세로 대출이자를 내고도 수익을 내는 방식이다. 현 정권에서는 더더욱 할 수 없는 방식이다. 대출규제가 워낙 심해서 일단 대출이 어려운 상황이고, 여러 채를 보유한 개인과 법인에게 보유세와 양도세를 무겁게 중과하기 때문에 가능하지 않다. 나는 기본적으로 레버리지를 크게 이용하는 것을 두려워한다. 레버리지 투자는 리스크를 크게 책임질 각오가 되어있고 수익도 극대화하겠다는 사람들의 방식이다. 투자를 최종적으로 결정하기 전에 내가 보유하고 있을 경우 발생하는 비용에 대해서 철저히 조사과정을 거쳐야 한다. 고수익률이란 이야기만 듣고 투자했을 때 실제적으로 들어가는 비용은 전혀 계산되지 않는 경우가 대부분이다.

레버리지를 최대한 이용하여 투자하라는 이야기를 맹신해서는 안 된다. 지인이 양재동에 오피스텔을 2억 3000만 원에 구입했다. 1억 5000만 원을 대출받고 7000만 원의 자신의 돈을 합하여 구입했다. 보증금 1000만 원에 월세 85만 원으로 매달 임대수입을 기대하고 시작한 일이다. 매달 85만 원을 받으면 매달 50만 원의 대출이자를 내고 35만 원의 수익을 내는 것이다. 그런데 1년도 안 되어서 갑자기 세입자가 나간다고 하여 예상치 않게 공실이 생겼다. 그래서 세입자를 기다리는 2달 동안 대출이자 50만 원을 2번이나 내야 해서 매우 고생을 한 적이 있다. 또한 오피스텔을 소유하고 있으면 연금이나 지역 의료보험도 내야 하고, 월세 수입이 생기니 매년 5월에는 종합 소득세 신고도 해야 한다. 또 세입자가 바뀔 때마다 부동산 수수료도 내야 한다.

일반적으로 부동산 사무실에 가면 대출을 이용하면 수익률이 훨씬 높아진다고 설명하면서 아예 대출을 받는 조건에서 수익률을 계산한다. 특히나 첫 분양을 시작하는 상가 사무실에 가면 이미 임대 들어올 업체를 계약했다고 하고 약 60퍼센트의 대출을 받는다는 전제하에 수익률을 계산해서 투자 수익이 높다고 설명한다. 스스로 생각해서 대출을 이용하는 것이 안전하고 유리하다고 판단할 때는 대출을 이용할 수 있지만 나는 개인적으로 대출을 많이 받는 것을 좋아하지 않는다. 만약에 일이 예상대로 되지 않아서 대출금을 갚아야 하는데 갚을 현금이 없으면 신용에도 문제가 생기고 마음고생은 이루 말할 수가 없을 것이다.

내가 컨트롤할 수 있는 범위 내의 투자를 하는 것이 큰돈은 벌지 못하지만 안정적으로 꾸준히 갈 수 있는 길이다.

특히나 새로운 상가를 분양하는 경우에는 더 조심해야 한다. 상가를 분양하는 곳에서 '선임대'라고 하여 이미 임대 들어올 곳과 계약을 마친 경우이다. 이러면 상가를 구입하는 사람은 임차인을 구해야 하는 번거로움이 없기 때문에 이러한 상가를 구입하고 싶어 한다. 하지만 경우에 따라서는 임대를 들어온 사람이 1년 또는 2년 만에 장사가 잘 안 된다는 이유로 그냥 나가는 경우가 생긴다. 그러면 새로운 임차인을 찾아야 하는데 이럴 경우 처음에 받았던 임대료보다 30~40퍼센트가 줄어드는 경우도 많다. 처음에 분양하는 사무실에서 유리한 조건들을 제시하여 처음에는 다소 높은 월세 수입처럼 보이면서 매매가격을 높게 산정한다. 하지만 사실은 그렇지 않다는 것이다. 처음에 상가를 매수하면서 대출을 60퍼센트 이상 받았다면 이에 해당하는 대출이자를 내야 하기 때문에 소유자는 어려움을 겪게 된다. 특히나 상가일 경우 공실이 생기면 다음 임차인을 구하기가 더 어렵다. 장사가 안 되어서 가게가 비어 있다고 생각하기 때문에 들어오기도 꺼려하고 임대료를 많이 내려고도 하지 않는다. 이렇게 되면 상가의 매매가격을 떨어트리는 나쁜 영향을 주게 된다.

만약에 주식을 하면서 레버리지를 이용한다고 대출을 이용하면 절대 안 된다. 대출을 받아서 가격이 올라서 팔면 이익이 날 것 같지만, 이렇게 돈을 쫓아다니면 돈은 도망가고 만다. 돈이 나를 좋아하게 만들어야 한다. 내가 돈을 소중히 여기고, 돈을 선한 곳에 사용하며, 안전하게 다룰 때 더 많은 돈이 나에게 들어온다. 불안하게 하고 무엇인가에 쫓기는 듯하면 돈이 나를 좋아하지 않는다. 많은 사람들이 레버리지를 최대한 이용하여 재테크를 하고 자산을 늘렸다고 자랑한다. 일시적으로는 그렇게 보일 수 있다. 하지만 장기적으로도 계속 그런 결과가 나올지 의문이다. 차분히 천천히 나만의 방식으로 돈 관리를 하면서 차근차근 증식해 갈 때 3년 뒤, 5년 뒤, 10년 뒤에는 내가 목표하는 부분에 도달할 수 있다.

조금 빠르게 가고 싶어서 서두르다 보면 꼭 빠트리는 것이 있고, 예상하지 못했던 일들이 벌어진다. 조금만 욕심을 줄이고 천천히 조금씩 하겠다는 생각으로 재테크를 하는 것이 오래 가는 일이다. 이 세상에 정상적이고 합법적인 방법으로 노력하지 않고 한 번에 큰돈을 버는 일은 없다. 내가 노력하고 투자도 내가 컨트롤할 수 있는 범위 내에서 해야 문제가 생기지 않는다. 자산을 늘리려고 레버리지를 이용하기 시작했다가 중간에 예상하지 않은 일들이 생기면 오히려 돈 때문에 심한 스트레스를 받게 되고 손실이 생길 수도 있다. 돈 관리를 하는 이유는 돈으로 인하여 불편한 일이 생기지 않으려고 하는 것이다.

레버리지를 이용한 아파트 투자도 조심해야 한다. 예를 들어 경기도 18평 아파트 매매가격이 2억 원인데 전세가격이 1억 8000만 원이면 내 돈 2000만 원만 들여서 아파트를 매수하는 것이다. 이런 경우는 전세자금을 지렛대처럼 이용하여 2억 원의 집을 2000만 원만 들여서 소유를 하는 방법이다. 이렇게 해서 아파트를 30채, 50채, 100채를 소유했다고 관련 투자 방법을 알려주는 강의도 많다. 그런데 이 또한 매우 위험한 방법이다. 집의 숫자가 많아지면 그만큼 관리하는 일도 많아지고, 세입자가 바뀔 때마다 부동산 수수료도 내야 하며 재산세, 종합 부동산세, 팔 때는 양도세도 내야 한다. 그런데 만약 주변에 공급이 많아지거나 상황이 바뀌어서 전세자금이 1000만 원이라도 떨어지면 100채를 가지고 있는 경우에 1억 원을 소유자가 감당해야 한다. 물론 동시에 100채 모두가 전세가격이 떨어지지는 않겠지만 전세가격이 떨어지든 매매가격이 떨어지든 자신이 감당할 수 있는 범위를 넘어서면 돈 때문에 더 큰 어려움에 처할 수도 있다. 은행의 돈을 이용하여 나의 자산을 늘리는 것이 무조건 나쁘다고 말할 수는 없지만 자신이 감당하고 관리할 수 있는 범위인지를 신중하게 생각하고 행동해야 한다.

돈을 일시적으로 많이 벌기보다는 돈 관리를 통해서 점차적으로 모이는 것이다. 돈에도 에너지가 있다. 이러한 돈이 선한 곳에 쓰일 때 더 큰 에너지를 불러온다고 믿는다. 무조건 돈을 많이 벌겠다 하기 전에 돈을 벌어서 어떻게 사용하고 싶은지 스스로 생각해야 한다. 자신이 컨트롤할 수 있는 범위 내에서 투자를 하고 그로 인해 돈이 모이면 그 돈을 선한 곳에 쓰는 선순환이 이루어져야 더 큰돈이 모인다. 남이 어떤 방식으로 돈을 많이 벌었다고 해서 나도 그런 방식으로 부자가 될 수 있는 것은 아니다. 나는 나만의 방법이 따로 있다. 그것이 무엇인지 찾아보고 공부하면서 나에게 맞는 돈을 불리는 방법을 찾아야 한다.

평범한 사람들이 심하게 병을 앓고 나면 마음가짐이 달라진다고들 한다. 우리의 인생이 어느 순간 끝날지 모르기 때문에 인생을 바라보는 눈이 달라진다는 것이다. 자신만 생각하고 자린고비처럼 주위 사람들에게 매우 인색하다면 비록 돈은 조금 모았을지 모르지만 이 세상을 떠날 때 마음이 어떨까 싶다. 많은 대출로 또는 과도한 투자로 인하여 돈 때문에 어려움을 겪기보다는 조금 더디 가더라도 꾸준히 돈을 잘 관리한다면 충분히 내가 원하는 부자가 될 수 있다. 무엇보다 내가 돈을 쫓아간다고 돈이 나를 쫓아오는 것이 아니라 내가 나의 삶의 목표를 가지고 선한 일을 하면서 돈을 관리할 때 돈은 내가 생각하는 것보다 더 많이 더 빨리 나에게 다가온다.

여러 번 말하지만 돈 관리를 하는 이유는 내가 돈 때문에 불편하지 않기 위해 하는 것이다. 단순히 돈이 아주 많은 부자가 되기 위해서 수단과 방법을 가리지 않고 돈 관리를 하는 것에는 반대한다. 그렇게 수단과 방법을 가리지 않고 벌게 된 돈은 사용할 때도 의미 없이 쉽게 써 버린다. 쉽게 벌었다고 생각하면 쉽게 쓰게 될 가능성이 훨씬 많다. 나는 한 번도 로또를 사본 적이 없다. 로또를 사고 싶다는 생각을 해본 적도 없다. 어떤 사람들은 로또를 사서 주머니에 넣고 다니면 일주일이 행복하다고 한다. 어쩌면 1등으로 당첨될지도 모른다고 생각하니 막연히 행복하다는 것이다. 애교로 봐줄 수는 있지만 그것을 일상화한다는 것은 나의 가치관과 많이 다르다. 예전 우리 사회에서는 수단과 방법을 가리지 않고 또 최대한 대출을 이용하여 사업을 늘려보고자 했던 사람들이 많았던 것 같다. 어쩌면 개인 사업을 하는 사람들은 지금도 최대한의 대출을 이용하는 것이 당연하다고 생각하는지 모르겠다. 하지만 이제는 그런 시대가 아니다. 사회도 점차 성장하고 현 시대를 살아가는 우리들의 의식도 성장하고 있다. 적어도 월급으로 생활하고 재테크를 하는 데 있어서는 레버리지를 이용하여 불안한 과정에서 수익을 내는 것보다 현재의 나의 삶에 충실하면서 내가 할 수 있는 범위 내에서 재테크할 수 있는 것들을 찾아보고 알아볼 것을 추천한다.

무엇보다 중요한 것은 '현재의 나의 삶이 안정되고 행복한가?'이다. 현재가 행복하지 않으면서 막연히 미래가 행복하길 바란다면 그 바라는 미래는 과연 언제일까?

03 시간이 지나면 목돈이 생길 것이다?

많은 사람들이 시간이 지나면 월급도 오르고 저축도 열심히 해서 목돈이 생길 것이라고 막연하게 생각한다. 하지만 시간이 갈수록 지출은 더 늘기만 하고, 이상하게 돈은 모이지 않는다. 열심히 일하고 월급을 받고 특별히 많이 쓰는 것 같지도 않은데 목돈이 안 만들어진다고 말한다. 이런 사람들의 특징은 다음과 같다.

자신의 지출을 정확히 모른다

사실 우리가 지출하는 부분은 너무나 다양하고 매달 예상하지 않은 일들이 일어나기 때문에 어떻게 돈을 쓰는지 모두 기억할 수가 없다. 하루하루 카드를 사용하다 보면 결제하는 날에 결제 금액은 항상 생각보다 많다. 지출 항목을 정하고 지출 금액을 정하는 일이 우선되어야 한다. 지출 금액을 정하면 돈을 분리하여 체크카드를 사용하거나 분리된 통장에서 지출하거나 신용 카드를 분리시켜서 누적금액을 확인하며 한 달간 지출하는 습관을 가져야 한다.

아주 오래전에는 월급을 봉투에 받아오는 시절이 있었다. 남편이 한 달 동안 열심히 고생하고 일해서 한 달 월급을 받으면 현금이 담긴 월급봉투를 아내에게 가져다주는 것이다. 그 월급을 가져다주는 힘으로 남편들이 직장에서 열심히 일했다는 이야기도 들었다. 그러면 엄마들은 그 월급을 용도별로 나누어서 봉투에 나누어 담아 살림을 했다. 그 시절처럼 현금을 사용한다면 한 달을 살아가는 데 점점 돈이 줄어드는 것을 보면서 상황에 맞게 생활을 할 수밖에 없다. 하지만 현대인의 삶은 현금 지출이 아니라 먼저 카드로 결제하고 약 40일 뒤에 결제하는 시스템이라 돈 관리가 더 어려워졌다.

눈에 보이지 않아서 관리하기가 더 어렵게 느껴지는 것이 사실이다. 매월 월급이 통장으로 들어오고 우리는 카드로 지출하고 통장에 있는 돈이 카드회사로 이체되니 우리는 돈을 보지도 않고 만지지도 않고 이체만 하는 경우가 점점 많아지고 있다. 사실 요즘에는 마트에 가서 장을 보기보다는 인터넷으로 장을 보는 경우가 늘고 있다. 인터넷으로 장을 보는 경우도 필요한 물건만 장바구니에 담고 카드 결제만 하면 물건이 집 앞에 도착한다. 이런 세상에 살다 보니 나의 지출 금액을 정확히 파악하기가 예전보다 더 어려운 상황이다.

시대적 상황이 이럴지라도 현명한 사람들은 자신의 수입과 지출을 명확하게 관리하고 있다. 특히나 지출을 관리하는 사람은 절제력도 있고 자기 관리가 잘되는 사람들이다.

가계부를 쓰지 않는다 왜 가계부를 쓰지 않느냐고 질문하면 대부분의 답은 이렇다.

- 가계부를 쓰는 것이 귀찮다.
- 가계부를 써도 지출이 줄지 않는다.
- 어차피 카드로 쓰기 때문에 카드 명세서를 보면 그것이 가계부이다.
- 매달 쓰는 비용이 거의 비슷하기 때문에 특별히 쓸 이유를 못 느낀다.
- 가계부를 쓴다고 해서 저축이 느는 것이 아니다.
- 특별히 낭비하는 것이 아니라 꼭 쓸 곳에만 쓰기 때문에 굳이 가계부를 쓸 필요성을 못 느낀다.

물론 가계부를 쓴다고 해서 돈이 크게 모아진다고 말할 수는 없다. 하지만 가계부를 쓰고 안 쓰고의 가장 큰 차이는 가계부를 쓰는 사람은 돈을 관리하는 사람이고 돈에 끌려 다니지 않는다.

매일의 가계부도 중요하지만 월말에 예산과 비교 분석하는 과정을 하는 것이 중요하다. 월말에 분야별로 사용한 금액을 월초에 세운 예산과 비교해보는 것이다. 내가 예상했던 금액과 비슷하게 지출했는지 초과했는지를 살펴보면서 원인을 살펴보고 예산 아래로 지출할 수 있도록 다음 달에는 생각하며 지출을 하는 것이다. 대체로 계획 세우는 것을 불편해하거나 싫어하는 사람들이 돈 관리가 잘 안 된다. 돈을 관리한다고 생각하면 돈을 쓸 때도 당당하고 돈을 쓰지 않아도 당당하다. 나의 예산 안에서의 지출은 돈의 노예가 아니라 돈의 주인이 된다. 가계부 자체를 쓰는 것도 중요하지만 가계부를 쓰기 전에 예산을 세우는 일, 그리고 가계부를 한 달을 쓰고 난 이후에 예산과 실제 지출을 비교 분석하는 일이 가계부 자체를 쓰는 것보다 더 중요하다.

기분파인 사람들

기분이 좋으면 쉽게 지갑을 잘 여는 사람들이 있다. '오늘은 내가 한 턱 쏠게!' 하는 사람들이다. 물론 나도 기분 좋고 축하받을 일이 있으면 주변 사람들에게 밥을 사거나 커피 사는 일을 좋아한다. 하지만 그저 그날의 기분에 따라 쇼핑을 한다든지 거하게 한턱을 쏘는 일이 자주 생기면 당연히 자신의 용돈을 초과하는 일이 발생할 것이다. 사람이 항상 계획한 대로 살 수는 없지만 이러한 경우도 생각해서 예산을 세우면 균형 있는 지출을 할 수 있게 된다. 나도 예전에는 기분이 우울하면 쇼핑을 할 때도 있었다. 그 시점에는 필요하고 필요하지 않고를 생각하지 않고 그냥 보기 좋으면 사게 된다. 마치 스트레스를 쇼핑으로 푸는 것처럼. 그런데 그렇게 산 물건들은 있어도 그만 없어도 그만인 물건들이 많다. 꼭 필요에 의해서 구입한 것이 아니라 그 순간의 기분에 따라 구입한 것이기 때문에 나중에 후회하는 경우가 많다.

내가 아는 후배의 남편은 술자리에 가면 꼭 2차를 자신의 카드로 계산한다고 한다. 1차는 모두가 이성적인 판단으로 계산을 하지만 일단 1차에서 술이 어느 정도 취하면 그다음은 자신이 계산하겠다고 하여 매달 남편이 쓰는 카드값 중 술값이 많은 비중을 차지했다. 여러 번 부부 싸움을 하고 남편이 안 그러겠다고 했지만 술이 취한 후의 행동이기 때문에 고쳐지지가 않았다. 결국 신용카드를 체크카드로 바꾸어서 그런 일이 줄긴 했지만 지금도 종종 그런 일이 발생하여 완전히 고쳐지지가 않는다고 한다. 돈 관리가 잘 안 되는 사람들이 우리 주변에 생각보다 많은 것 같다.

자존감이 낮은 사람들 자존감이 낮은 사람들은 '자신이 타인에게 어떻게 보일까'를 매우 민감하게 생각한다. 그러니까 다른 사람에게 좋아 보이는 것들을 나도 하고 싶어 한다. 다른 사람이 어학원을 등록해서 다닌다고 하면 나도 왠지 영어라도 배워야 할 것 같고, 다른 사람이 휴가 때 해외여행을 가면 나도 왠지 가야 할 것 같고, 다른 사람이 뮤지컬을 보면 왠지 나도 뮤지컬 예약을 해야 할 것 같다. 다른 사람이 신상 옷이나 구두, 가방을 사면 왠지 나도 사야 할 것 같은 사람들이다. 이들은 내가 좋아하는지

안 좋아하는지보다 그렇게 해야 주눅이 들지 않는다고 생각한다.

진짜 자존감이 높은 사람들은 타인의 시선에 별로 신경 쓰지 않는다. 자신의 스타일이 있고 자신만의 중심이 확고하다. 주위의 사람들이 새로운 것을 사고, 비싼 것을 샀다고 해서 자신도 사야 한다고 생각하지 않는다. 자신의 모습에 늘 당당하다. 하지만 자존감이 낮은 사람들은 새로운 것으로 치장하는 것이 마치 내가 트렌드에 맞고 패션 감각이 뛰어난 사람으로 살아가는 것이라고 착각한다. 나 자신을 사랑해서 나를 위해 돈을 쓰는 것은 필요하지만 과다하게 나를 포장하기 위해서 무리한 지출을 하는 것은 오히려 자존감이 낮은 사람들의 행동이다. 자존감이 높은 사람들은 '나 자신을 세상에서 가장 비싼 유일한 명품'이라고 생각한다. 우리 각자가 이미 명품이기 때문에 굳이 다른 명품으로 치장하지 않아도 된다고 생각한다.

요즘은 조금 덜하지만 2~3년 전에 아웃도어가 한참 유행했었다. 우리나라 사람들은 아웃도어가 유행하면 서울시내에 있는 관악산을 가더라도 마치 에베레스트산에 가는 차림으로 모든 장비를 갖추고 다니는 경향이 있다. 자신이 정말 산을 좋아하고 산행을 자주 하여 필요에 의해서 아웃도어 장비를 모두 갖추었다면 좋은 일이다. 하지만 어쩌다 한 번 가는 등산인데 남의 시선을 의식해서 비싼 아웃도어를 모두 구입하는 것은 생각해볼 일이다. 우리나라 사람들은 무슨 운동을 해도 일단 의류와 장비부터 갖추는 사람들이다. 사실 외국 사람들은 편안한 옷차림으로 운동하는 경우도 동네에서 흔히 볼 수 있다. 그런데 우리나라는 운동을 한 가지 배우려면 일단 복장과 장비를 먼저 갖추어야만 할 것 같은 분위기다. 많은 사람들이 하면 나도 왠지 해야 할 것 같은 군중심리가 있기는 하다. 하지만 매번 이럴 것이 아니라 자신의 삶의 가치관이나 철학이 좀 더 탄탄하고 분명해야 세상에 휘둘리지 않는다.

새로운 상품에 민감한 사람들

지인 중에 새로운 전기제품이 나오면 꼭 먼저 사용해야 직성이 풀리는 사람이 있다. 스마트폰의 새로운 모델이 나와도 꼭 먼저 구입해서 사용해보고 싶어 하고, 집에서 사용하는 가전제품의 새로운 모델이 나와도 구입하여 사용하는 사람들이 있다. 사실 기존에 사용하던 물건들이 불편한 것도 아닌데 새롭게 출시되는 제품들에 유난히 관심을 보이는 사람들이 있다. 이런 사람들은 돈을 잘 모으지 못한다.

처음에 나왔을 때 가격이 가장 비싸다. 새 제품을 일단 구입하여 사용하고 1~2주 정도 지나면 흥미가 떨어지고 관심도 식어버린다. 그러다 또 신모델이 나오면 갖고 싶은 충동을 이기지 못하고 또 사고 만다. 이런 경우에는 지난번에 새로 산 모델을 처음 갖고 싶었을 때와 구입한 이후 한두 달 뒤의 마음을 생각해보라고 하고 싶다. '이번에는 지난번과 다를 거야'라고 생각하겠지만 사실 내 것으로 구입하고 나면 처음만큼의 호기심이나 즐거움은 남아 있지 않다.

남자들 같은 경우는 자동차에 있어서 이러한 부분이 매우 크게 작동한다. 아직 차를 바꾸지 않아도 되는데 현재 사용하던 차를 중고시장에 팔고 새로운 모델을 사는 사람들이 많다. 새로운 모델의 새 차를 타는 기분은 매우 좋을 것이다. 단 이러한 지출이 우리 가정에 또는 나의 가계에 계획된 예산안에 있는지 다시 한 번 생각해야 한다. 새로운 차를 구입하면서 집을 사는 시기가 지연된다면 무엇이 더 우선순위인지 고민해야 한다. 물론 요즘 20~30대 젊은 사람들은 집보다 차가 우선이라는 이야기를 많이 한다. 자신의 우선순위가 자동차라면 그렇게 해도 된다. 그런데 가정을 꾸리고 자녀가 태어나고 아이가 학교를 다니는데 집이 안정되지 않아서 원하지 않는데도 이사를 가야 한다면 어떨까? 이런 상황에서도 집보다 차가 우선이라고 생각한다면 할 말이 없다. 집안의 지출을 생각할 때 계획 안에서 움직이는 것이 장기적인 가정의 경제에 합리적이지 않을까?

이러한 모든 상황들이 돈 관리를 하면서 달라질 수 있다. 돈 관리를 한다는 것은 내가 삶의 주인공이고 삶의 주인이라는 것이다. 돈이 나를 지배하는 것이 아니라 내가 돈을 지배한다는 의미이다. 절대로 시간이 지난다고 해서 저절로 돈이 모아지지는 않는다. 철저히 노력하는 자만이 돈을 모을 수 있다.

정보는 특별한 사람들끼리 공유한다?

재테크를 잘하는 사람들을 보면 그들은 특별한 정보를 가지고 있을 것만 같다. 예전에 주식을 해서 돈을 벌었다고 하는 사람들도 마치 일반 사람들이 알기 전에 회사의 비밀스런 정보들을 먼저 접하여 주식을 사고팔고를 먼저 한다는 말도 있었다. 그럴 수도 있겠지만 요즘은 정말 많은 정보들을 우리도 접할 수 있다. 일부 사람들이 접하는 정보를 못 들어서 재테크를 할 수 없는 시대는 더이상 아니다. 부동산에 관심을 가지고 정보를 얻길 원한다면 다양한 인터넷 사이트를 통해서도 정보를 얻을 수 있고, 새로운 교통 확충에 관한 정보도 얻을 수도 있다. 또한 정책적으로 앞으로 어떠한 개발을 할 것이라고 서울특별시 홈페이지에 보고서가 등록되어 있다. 유튜브에서도 정말로 많은 부동산 전문가라고 하는 사람들이 매일매일 새로운 정보를 올리고 있다. 분별할 능력을 키우는 것이 중요하지 정보가 없어서 투자를 못하는 시대는 더 이상 아닌 것이다.

부동산 매물 정보　　네이버 부동산 사이트나 부동산114 사이트에 들어가면 전국에 있는 부동산을 모두 찾아볼 수 있다. 간단히 아파트를 알아보려고 해도 이곳에서 내가 원하는 기본적인 정보들은 모두 들어있다. 아파트에 관한 기본 정보, 즉 주소, 설립연도, 건설회사, 전체 가구 수, 현재 매물, 전세, 월세로 어떤 물건들이 있는지, 아파트의 향은 어떤지, 주차 시설까지 모두 나와 있다. 아파트 평형별로 단면도도 나와 있어서 그림을 보면 어떤 구조인지도 예측할 수 있다. 가까운 학교는 어디가 있는지, 전철역과의 거리, 버스 정류장과의 거리도 모두 자세하게 나와 있다. 특히 지도로 주변 지역을 확대해서 보면 그 동네에 무엇이 있는지도 한눈에 볼 수 있다. 또한 과거의 실거래 가격을 보여주어서 최근에 몇 층이 얼마에 거래되었는지도 알 수 있다. 평형별로 1년 치 관리비까지도 나와 있다. '호갱노노'라는 모바일 어플은 내가 이동하는 곳의 아파트 단지를 보여주고 매물로 나와 있는 가격도 함께 보여준다. 주말에 남편이 운전하면서 어딘가를 이동할 때 주변에 보이는 아파트가 괜찮아 보이면 바로 휴대폰에서 호갱노노 어플을 연다. 그러면 그 지역의 아파트 단지 이름과 가격 등 매우 자세한 정보까지 알아볼 수 있다. 또한 물건을 가지고 있는 부동산 전화번호가 있어서 여러 군데 전화를 해보면 그 아파트 단지에 대한 다양한 정보를 얻을 수 있다. 특히나 '호갱노노' 어플에서는 내가 관심 있는 단지를 정하고 새로운 정보가 있을 때마다 알수 있도록 알림을 설정해놓으면 실거래가가 올라올 때 바로 알려준다. 그러면 내가 관심 있는 단지들이 가격이 내려가고 있는지, 올라가고 있는지 판단하는 데 도움이 된다. 그곳에 사는 주민들의 이야기도 올라온다. 생활하면서 불편한 이야기, 편리한 이야기 등 다양한 이야기를 들으면서 판단하면 된다. 호갱노노 이외에도 직방, 한방 등 다양한 어플이 있는데 개인적으로 호갱노노를 애용한다. 주택이나 상가, 건물 등더 다양한 실거래가를 알고 싶으면 '밸류맵', '랜드북', '디스코'라는 어플을 이용하여 생생한 정보를 얻을 수 있다.

또한 지역별 재개발·재건축에 관한 이야기도 각 구청의 홈페이지에 들어가서 보면 현재 재개발·재건축으로 지정되어 있는지 아닌지도 알 수 있고, 지정되어 있으면 지도로 상세하게 구역을 확인할 수 있다. 또한 구청에 전화해서 담당 직원에게 물어보면 현재 어디까지 진행되어 있는지 구체적인 정보를 들을 수도 있다. 어떠한 재테크를 하든지 스스로 정확하게 '사실'을 확인하는 습관을 들여야 나의 자산을 보호하고 증식할 수 있다. 우리 부부는 2호선, 3호선 전철역을 기준으로 500세대 이상의 아파트를 검색하여 우리 예산에서 가능한 곳이 어디인지를 찾아보며 충분히 자료를 얻은 이후에 주말에 시간을 내어 실제로 그 지역의 아파트에 가보고 원하면 실제 매매로 나온 집의 내부를 살펴보곤했다. 이러한 인터넷 사이트에서 이 아파트를 매수했을 경우에 세금은 얼마를 내는지, 부동산 수수료는 얼마인지, 대출은 어느 은행에서 이자율을 몇 퍼센트로 얼마까지 해주는지에 대한 정보도 있다. 길 찾기 기능까지 연결되어 있어서 나의 사무실에서 이곳 아파트까지 얼마나 시간이 걸리는지도 바로 찾아볼 수 있을 정도이다. 또한 그 지역에서 사람들이 어떤 아파트를 가장 많이 검색했는지 순위로도 보여준다. 무엇보다 중요한 매매가격, 전세가격의 비교와 몇 퍼센트인지도 자세하고 구체적으로 계산되어 있다. 만약 90퍼센트의 전세율이라면 전세가 떨어지지 않는 이상 매매가격이 오를 가능성이 많은 지역이라고 관심을 가져도 된다. 특히나 조인스랜드 부동산 사이트에 가면 전국에 있는 아파트의 전세율을 알 수 있는 데이터도 있다. 이곳에도 새로운 뉴스와 분양정보 정책에 관한 뉴스 등 읽을거리가 넘쳐서 다 읽지 못할 정도로 정보는 우리 모두에게 오픈되어 있다.

국토교통부 실거래가 공개시스템

이곳에서는 과거에 실제로 거래되었던 아파트의 실거래 가격을 2006년부터 알 수가 있다. 내가 사고자 하는 지역의 아파트를 검색해서 과거 10년 동안의 가격추이를 알아본다. 어느 해가 가장 고점이었고 언제가 가장 저렴한 시기인지도 한눈에 볼 수 있다. 또한 거래량도 이곳에서 알아볼 수가 있다. 대출 규제 정책이나 세금에 관한 정부의 정책이 나온 시기에는 거래량이 갑자기 줄어든다. 또한 국토교통부 사이트에서 공동주택공시가격을 파악할 수 있다. 이곳에 명시된 가격을 기준으로 세금이 부과된다. 재산세를 예측해볼 수도 있고, 여러 아파트를 가지고 있다면 종합 부동산세금도 이 가격을 기준으로 1가구 2주택 이상인 경우 1인당 6억 원 이상일 경우 세금이 부과되는 것을 예측할 수 있다. 부동산을 매수할 경우에는 세금 부분도 간과해서는 안 된다. 금융상품이나 주식거래는 세금이 부동산에 비하여 많지 않다. 만약에 5억 원에 해당하는 금액의 주식을 거래했다면 150만 원의 거래세와 약간의 수수료만 내면 끝이다. 하지만 약 5억 원의 부동산을 거래하면 처음 구입할 시점에서 약 1000만 원의 비용이 들어간다. 취득세, 등기설정 비용, 부동산 수수료 등을 내야 하기 때문이다. 부동산을 여러 채 거래하거나 소유할 경우에는 더 꼼꼼히 세금 부분도 알아보고 거래해야 한다. 세무사에게 5만 원 또는 10만 원 정도의 상담 비용을 내고 세금에 관하여 전반적으로 이해하며 어떻게 하는 것이 가장 적절할지를 모두 상담 받는 것도 또 하나의 방법이다.

또한 국토교통부 실거래가 공개시스템 사이트는 하단 배너를 통해 한국감정원 사이트와 연결되어 있다. 이곳에 가면 부동산에 관한 주간 동향 데이터를 볼 수 있다. 전국, 수도권, 지방권, 6대 광역시 그리고 서울시는 구별로 나와 있다. 만약에 데이터를 원한다면 이곳에서 충분히 찾을 수 있다. 이렇듯 요즘의 정보는 누구나 열람할 수 있다.

경매 사이트

부동산에 관심이 많고 부동산 투자를 하는 사람들은 경매까지 공부한다. 굳이 경매를 공부하지 않더라도 경매 가격을 열람하는 것은 아파트를 구입할 때 도움이 된다. 사고자 하는 아파트가 과거 경매로 나온 것이 있는지 검색해보고 과거의 경매 낙찰 가격과 비슷하다면 급매인 것을 확인할 수 있다. 부동산에서는 급매라고 말하지만 실제로 급매인지 아닌지는 우리가 판단할 수가 없다. 그럴 때 도움이 되는 사이트가 경매 사이트이다. 대법원 사이트에서도 경매 가격을 열람할 수 있고 유료로 운영되는 경매 사이트에 가입해도 경매에 관한 자세한 정보를 얻을 수 있다. 네이버에서 부동산 경매 사이트라고 검색을 해도 여러 경매 사이트가 나온다. 사람들이 많이 보는 경매 사이트는 굿옥션, 지지옥션, 스피드옥션이다. 인터넷에서 검색하여 회원가입하면 기본적인 정보는 볼 수 있다. 이렇듯 정보는 모두에게 열려있다. 관심이 많고 열정이 있고 부지런한 사람들은 정말 많은 정보를 얻을 수 있는 시대에 살고 있다. 특정 소수에게 정보가 알려지고 그들만이 재테크를 잘할 것이라고 생각하는 것은 오해다. 일반적인 정보만으로도 평범한 우리들도 충분히 재테크를 할 수 있다. 단, 자신이 시간과 정성을 많이 들여야 한다.

서울특별시 홈페이지

서울시 개발에 대한 정보를 얻고자 하면 서울특별시 홈페이지에 들어가면 모든 정보를 얻을 수 있다. 2030플랜은 2030년에 서울 도시가 변화될 모습을 미리 계획하고 사업을 하는 정책이다. 이 정책을 잘 살펴보고 교통이 좋아지는 곳, 일자리가 많아지는 곳, 사람이 더 살기 좋아지는 곳의 부동산 가격은 오를 수밖에 없을 것이다. 이러한 정보를 잘 활용하는 사람들이 결국 재테크를 잘한다고 할 수 있다.

2017년 6월 7일에도 281페이지의 '2030 서울도시 기본계획 백서'라는 제목을 281쪽 분량의 보고서가 서울특별시 홈페이지에 올라왔다. 이러한 보고서를 꼼꼼히 읽고 스스로 지역 설정을 하여 부동산을 알아보고 매수하는 사람들이 매우 많다. 부동산뿐만 아니라 서울특별시 홈페이지에 신혼부부를 위한 정책, 청년들을 위한 정책 등 해당자는 복지혜택을 받을 수 있는 정보들이 매우 많다. 단지 관심이 없고, 잘 몰라서 그러한 내용이나 혜택 등을 누리지 못하는 경우가 생각보다 많다는 것이다. 특정인에게 특별한 정보가 제공되는 시대는 지나갔다. 이제는 나에게 유익이 되는 정보가 어디에 있는지 내가 찾아가는 시대에 살고 있다. 이미 서울특별시 홈페이지에 '마곡도시개발사업'이라는 보고서가 올라왔고 많은 기업체들이 이곳으로 이전할 예정이고 큰 종합병원이 들어온다는 소식이 공식적으로 발표되었다. 이러한 정보를 미리 접하고 마곡지구에 부동산을 구입한 사람들은 이미 매우 큰 수익을 얻었다. 요즘에 재테크를 잘하는 사람들은 넘치는 정보의 옥석을 가리고 나에게 맞는 재테크 방법이 무엇인지를 잘 찾아서 실행하는 사람들이라고 하겠다. 과연 나 자신은 어떤 사람인가? 이러한 공동의 정보를 다른 사람에게서 전해 듣는 사람인지 아니면 내가 이러한 정보를 먼저 찾고 이해하여 주변 사람들에게 제공해 주는 사람인지?

요즘에는 블로그나 카페, 유튜브를 통해서도 많은 소식들을 접할 수 있다. 궁금한 사항들이 있으면 먼저 인터넷에서 검색해보면 다양하게 정보를 읽을 수 있다. 만약에 '신분당선 연장선'이란 단어로 검색을 하면 많은 블로거들이 지도와 함께 설명을 하고, 또 관련된 인터넷 사이트를 갈 수 있도록 링크를 걸어 놓기도 한다. 최근에 신안산 연장 노선으로도 많은 사람들이 검색하고, 그와 관련된 지역들 중에서 기존에 저렴하던 부동산들의 가격이 상승하기도 했다. 사실 정보를 얻을 수 있는 방법은 매우 많고 다양하다. 결국은 자신의 관심과 열정과 노력이 답이라는 것을 매번 느끼게 된다. 모든 부동산, 재테크 정보를 수집할 수는 없지만 나에게 맞는다고 생각하는 분야는 적극적으로 찾아보고 알아보는 것이 나의 자산을 늘리는 길임은 확실하다.

05 노후 대책보다 자녀 교육이 우선이다?

자녀 교육보다 노후 대책이 우선되어야 한다. 많은 가정들이 처음에는 저축을 하다가도 아이가 태어나면서 저축액이 많이 줄어든다. 아이가 초등 고학년이 되고 중학생, 고등학생이 되면 사교육비가 더 많이 드는 것이 사실이다. 옛날 우리 시절에는 학원에 다니지 않고 스스로 공부했는데 요즘 아이들은 모두가 학원을 다니니 우리 아이만 안 보낼 수도 없다. 사교육이 안 좋은 것이라고 생각하면서도 다른 친구들은 모두 다니는데 우리 아이만 안 보낸다는 것이 쉽지가 않다. 그래도 아이가 1명이면 조금 괜찮지만 2명 또는 3명인 경우는 사교육비 때문에 많이 힘들어한다.

이론으로는 자기 주도 학습이 중요하고 아이의 의지가 중요하다고 알고 있는데 실제적으로 참 적용하기 힘든 부분이 바로 이 부분이다. 오죽하면 엄마들이 아이들 학원비 벌려고 파트타임이라도 일한다는 말이 나올 정도이다. 그러니 이러한 상황에서 부부의 노후를 위해 따로 저금을 한다는 것은 현실적으로 쉬운 일이 아니다. 아이들을 한창 키울 시기에는 아이들이 삶의 희망이고 즐거움이다. 일단 해줄 수 있는 상황에서는 해주고 싶은 마음이 부모의 마음이다. 하지만 이제는 마인드 컨트롤을 해야 하는 시대이다. 100세 시대 연구소에서 노후 대책에 대한 설문 조사를 했는데 실제로 노후 대책을 실천하고 있다는 대답은 30퍼센트 정도였다고 한다.

　SBS 〈그것이 알고 싶다〉에서 노후 대책이란 주제로 방송을 한 적이 있다. 거기에 나온 56세의 아주머니는 두 아들을 유학까지 보내고 살림과 자녀 키우는 것에 최선을 다하며 살아왔다. 여행도 많이 다니고 화목한 가정을 이루고 나름 온 힘을 쏟으며 인생을 살아왔다. 두 아들은 성인이 되었고 결혼하여 각자의 가정을 꾸렸다. 56세가 된 엄마인 자신은 어느덧 시간은 너무 많고 할 일은 없고 수입도 끊기는 상황이 되었다. 노후 대책이란 단어에 매우 당황했고 이렇게 빨리 이런 순간이 올 줄 몰랐다고 한다. 현재 살고 있는 집 한 채가 전 재산이고 당장 만 원, 2만 원이 지갑에 없을 때도 있다고 한다. 매우 당혹스럽고 안타까운 현실이다. 100세 시대란 앞으로 살아갈 날이 지금까지 살아온 정도의 시간이 또 남아있는 상황이다. 이분의 경우 상황이 어렵지만 그렇다고 자식들을 원망하지는 않는다. 엄마의 생활비를 안 주고 싶어서 안 주는 것이 아니라 현실적으로 자신의 가정을 이끌어가려니 엄마에게까지 돈을 줄 경제적 여유가 없다는 것도 이해한다. 현재 살고 있는 아파트를 활용해 주택 연금을 받으려면 만 60세가 넘어야 한다. 그런데 이분은 아직 60세가 되지를 않았다. 이분이 후배들에게 꼭 해주고 싶은 말이 30대, 40대에 충분히 노후에 대한 대안을 세워놓으라는 것이다. 본인도 이런 시간이 이렇게 빨리 올 줄 몰랐다고 하며 지금은 잘 믿기지 않겠지만 꼭 실천하라고 당부한다.

자녀들이 부모의 노후를 책임지는 시대는 지났다

지인 중에 아들과 딸을 결혼시킨 부부가 있다. 아이들이 공부도 잘하여 대학도 잘 들어갔고 졸업 후 취업도 잘하여 모두의 부러움을 샀다. 아들이 좋은 곳에 취업했으니 며느리도 전문직이었고 결혼 적령기가 되어서 남들이 부러워하는 혼사를 치렀다. 큰아들을 결혼시키면서 아버지의 명퇴 자금 3억 원으로 아들 신혼집 전세를 얻어주고 결혼식 비용으로 사용했다. 곧 둘째 딸을 결혼시키면서도 2억 원을 썼다. 아들과 딸을 모두 결혼시키고 부부에게 남은 돈은 5억 원짜리 아파트와 현금 5000만 원이 전부였다.

부모님은 아들과 딸을 결혼시키고 매우 만족스러웠다. 이렇게 좋은 학교에, 좋은 직장을 다니니 아들과 딸이 부모님의 생활비를 줄 것이라고 기대했던 것이다. 아무리 좋은 직장에 월급이 많다고 하더라도 사실 결혼하여 새로운 가정을 꾸리면 들어오는 수입에 맞추어서 소비를 하기 때문에 매달 부모님에게 생활비를 드리는 것은 어느 집이나 쉽지 않다. 그래도 신혼 초에는 부모님 집에도 자주 찾아오고 좋은 관계를 가졌지만 시간이 갈수록 결혼한 자식들은 자신들 사느라 바빠서 뜸하게 부모님 집을 찾아오고 생활비도 더 이상 지원하지 않았다. 부모님은 시간이 갈수록 불안했고 자신의 무능함과 자신의 노후 대책에 대한 대비를 자녀에게 기대했다는 것에 실망하고 허탈감을 느꼈지만 이미 돌이킬 수 없는 상황이 되고 말았다.

30년을 오롯이 자식 키우느라 고생하고 돈을 모으고 생활했지만 30년을 키우고 나면 성인이 된 자식들은 자신의 삶을 사느라 부모를 돌아볼 여유가 없다. 이러한 현실을 미리 인식하고 부부가 자신의 노후 대책이 자녀의 결혼자금보다 우선되어야 한다. '자식이니까 나중에 부모를 돌보겠지'라는 막연한 생각은 후회해도 소용이 없다. 30년 동안 넘치는 사랑과 정성으로 과도한 경제적 뒷받침으로 자식들을 키우면 나중에 기대하게 되고, 기대한 만큼 결과가 없으면 섭섭한 마음이 든다. 자녀들이 결혼할 때 스스로 독립할 수 있도록 최소한의 도움과 더 중요한 것은 부부의 노후 생활에 대한 대책이라는 것을 잊어서는 안 된다.

진정한 노후 대책은 자녀를 위한 것

자녀를 키우는 과정에서는 저축금액도 매우 적어지고 교육비 지출이 가장 많은 시기이다. 당장 자녀를 위해서 지출할 비용이 생기면 노후를 위해서 저축하려다가도 노후 대책은 나중으로 미루고 자녀를 위해서 먼저 지출하게 된다. 어느 부모나 아이들에게 가능한 한 많은 지원을 해주고 싶어 한다.

하지만 자녀들이 성인이 되어 결혼하고 가정을 이루면 그 이후부터는 부모님이 스스로 경제 활동을 못 하거나 생활비를 스스로 해결할 수 없으면 매우 부담스러워한다. 또한 결혼을 하고 나면 부모님이 시댁과 친정 두 곳이 된다. 만약 양쪽 부모님에게 모두 생활비를 드려야 한다면 자식 된 입장에서는 참 힘겨울 것이다. 자신의 가정을 꾸리고, 집에 대한 대출이자를 내야 하고, 성장하는 아이들 양육비와 교육비가 들어가야 하는데 거기에 양쪽 부모님 생활비까지 드려야 한다면 현실적으로 생활하기가 쉽지 않다.

진정한 노후 대책은 부부를 위해서뿐만 아니라 결국 내 자식을 위해서도 꼭 필요한 일이다. 부모님이 노년을 조금이라도 여유롭고 행복하게 사는 것을 보면 자식들도 마음이 편하고 감사할 것이다. 그런데 부모님이 스스로 생활할 능력이 안 되면 잘 해드리고 싶어도 그럴 수 없는 자신의 상황이 안타까울 것이고 부모님을 자주 뵙는 일도 부담스러울 수 있다.

일을 할 수 있다는 것은 또 다른 행운이다

우리가 은퇴 이후에 일하면서 한 달에 75만 원을 받는다면 이 금액은 3억 원을 은행에 넣어두었을 때 약 3퍼센트의 이자를 받는 것과 같은 효과라서 한 달에 75만 원을 받는 것은 금융기관에 3억 원을 거치해 놓는 것이라고 말할 수도 있다. 노후에 일을 할 수 있다는 것은 정말 또 다른 행운이다. 받는 금액이 적더라도 몸을 쓰면서 일할 수 있음은 좋은 기회이다.

노후에 일을 할 수 있으면 이런 면에서 좋다.

POINT

- 규칙적인 생활을 해서 더 건강할 수 있다.
- 사람들과 함께 시간을 보내니 외롭지 않다.
- 많지 않더라고 경제적으로 수입을 얻을 수 있다.
- 집에서만 계속 시간을 보내는 것보다 일을 하고 집에 들어오면 부부관계가 오히려 좋다.
- 자신이 아직 필요한 존재라는 생각에 더 당당해진다.

그런데 노후에 어떤 분야에서 일한다는 것이 현실적으로 매우 어려운 일이다. 그렇기 때문에 40대부터 생각을 해야 한다. 자신의 현재 분야와 관련된 것도 좋고, 자신이 관심 있는 분야도 좋고, 아니면 앞으로 시대에 맞춰 조금이라도 일자리가 많아지는 것들을 찾아보아도 좋을 것 같다.

아무래도 노년층이 많아질 테니 이를 대상으로 하는 일자리를 찾는 것도 좋을 것 같고, 반려동물과 관련된 일도 있을 것이며, 부동산 임대 수익을 위한 일도 있을 것이다. 무엇보다 자신이 고민하면서 자신에게 가장 잘 맞는 일이 무엇일까를 시도하며 찾으려고 노력하는 일이 무엇보다 중요하다. 은퇴 이후에 갑자기 하려고 하면 더 많은 시간이 걸릴지 모른다. 조금이라도 젊었을 때 내 자신이 노후에 할 수 있는 일은 무엇인지 염두에 두자.

내가 좋아하는 분야를 찾고
그 재능을 키워 보자.
분명히 나중에는 좋아하는 일이
돈으로도 연결되는 기회를 만날 수 있을 것이다.

Chapter 4

돈
관리도
습관이다

★ ★ ★ ★ ★ ★ ★ ★ ★ ★ ★ ★

01 말하는 대로, 상상하는 대로

　　우리가 말하는 것도, 상상하는 것도 모두 습관이다. 여러분은 평상시에 주로 무슨 말을 하는가?

　　첫 책을 쓰겠다고 주변 사람들에게 선포하고 한창 원고를 쓸 때의 일이다. 원고를 쓰면서도 과연 이 원고가 책으로 출간될 수 있을까? 어느 출판사가 출간 계약을 맺어줄까? 등등 머릿속에 이런저런 갈등이 끊이질 않았다. 그래서 내가 잘하는 이미지 시각화를 하기로 했다. 해마다 연말이 되면 우리 가족은 단기, 중기, 장기 계획서를 작성한다. 그해에 계획한 것 중에서 이룬 것들을 표시하고, 이루지 못한 것들은 또 다음해에 이루기 위해 계획서에 넣는다.

　　그 표를 방에 붙여놓고 눈에 들어올 때마다 한 번씩 읽으며 혼자서 피식 웃는다. 사실 어떤 것은 허무맹랑하다. 과연 이 일이 이루어질까 하는 생각이 드는 것도 있다. 하지만 우리가 2010년 이후로 계속 이러한 시각화를 해오면서 느끼는 것은 많은 일들이 현실로 이루어진다는 것이다. 이것을 한 번 경험하게 되면 이 계획서를 작성하지 않을 수가 없다. 평상시에 우리가 말하고 상상하는 것이 곧 우리의 미래가 된다는 것을 나는 믿고 있고 또 경험했다. 우리가 부자가 될 것이라고 구체적인 계획을 세우고 그것을 말하며 행동으로 실천하면 모두가 원하는 결과를 얻을 수 있다. 우리의 뇌는 상상만 해도 그것이 마치 현실인 것처럼 인식한다.

2016년 5월호《헬스 조선》에 실린 진단검사의학 전문의 이유경 교수의 이야기를 보자. 그는 유방암 판정을 받고 '왜 하필 나에게 이런 일이 …'라며 불평하지 않고 자신의 잘못된 생활습관이 병의 원인이라 생각했다. 그리고 어떻게 유방암을 이겨낼까 고민하며 방법을 찾았다. 나중에는 오히려 '유방암에 걸린 것이 축복이었다'라고 이야기할 정도였다고 한다.

일단 걸을 수 있을 때 최대한 걸으려고 했고, 걷다가 힘들면 쉬었다. 그리고 다시 반걸음이라도 떼어서 또 반걸음을 이어 한걸음을 걷고 두 번째 걸음을 걷고, 세 번째 걸음을 이어갔다. 투병생활을 하면서 생활습관도 기존과 완전히 반대로 고치려고 노력했다. 가능한 한 세끼를 꼭 먹으려고 노력하며 과자처럼 맛은 있지만 배는 부르지 않는, 즉 몸에 좋지 않은 음식은 안 먹으려고 노력했다. 또한 TV를 볼 때도 소파에 앉거나 누워서 편안한 자세보다 바르게 서거나 움직였다. 또 집안에서 생활할 때도 조금이라도 더 움직이고 설거지도 더 자주 했다. 이렇게 가능한 한 많이 움직이고 운동할 수 있을 만큼 걸으면서 유방암을 극복했다.

인생에서 어떤 나쁜 상황을 만날 때 그 상황에 대해 불평을 할 것인지 아니면 그 상황을 이겨내기 위해 고민하며 방법을 찾아갈 것인지는 순전히 우리 자신에게 달려있다. 우리의 삶은 우리가 말하고 우리가 생각하는 대로 이루어진다.

어떤 일이 발생했을 때 어떤 사람은 늘 불평, 불안, 투정을 하느라 모든 에너지를 쏟는다. 하지만 똑같은 상황에서도 어떤 사람은 해결할 방법을 찾고 시도하는 데 그 에너지를 사용한다. 나는 과연 어떠한 유형의 사람인가?

회복 탄력성이란 말이 있다. 위기에 처했을 때 이것을 긍정적인 사고방식으로 기회로 전환하는 것이다. 우리는 세상을 살면서 수도 없이 많은 작은 실패와 위기를 만나게 된다. 우리는 연극의 극본처럼 정해진 대로 살아가는 것이 아니라 언제, 그리고 어떻게 예기치 않은 일들이 벌어질지 모르는 생방송, 생중계로 하루하루를 보낸다. 연극의 극본이라면 미리 준비하고 연습하여 세상 사람들에게 완벽한 연기를 선보일 수 있다.

하지만 실제 우리의 인생은 예상대로 되지 않은 일들을 풀어나가며 새롭게 즉석 무대를 만들어 가는 것이다. 새로운 문제를 만날 때마다 오히려 창작에 대한 호기심과 설렘을 안고 인생이라는 연극을 멋지게 재구성해보는 것은 어떨까? 돈 관리도 마찬가지이다. 돈을 어떻게 관리하고 재산을 늘릴 것인지에 대한 끊임없는 긍정적인 사고와 에너지는 결국 우리 앞에 좋은 결과를 가져다줄 것이다. 실제로 부자가 된 사람들은 자신의 상황에 대해서 불평하지 않는다. 주어진 상황에서 자신이 해결할 수 있는 일들에 집중하고 오히려 현재의 상황에 대해서 아주 작은 것이라도 늘 감사거리를 찾는다.

사람들은 자기 기준에서 당연하다고 생각하는 일이 제대로 되지 않을 때 불평한다. 남편이 가사를 도와주는 것이 당연한데 왜 안 도와주는지에 대해 불평한다. 사실 가사를 도와주지 않는 가정도 많다. 남편은 또 이렇게 생각한다. 밖에서 힘들게 일하고 집에 돌아왔는데 좀 따뜻하게 맞아주고 편하게 쉴 수 있도록 배려해주는 것이 당연한 것 아닌가 하고 말이다. 아내가 그렇게 못 해주는 것에 불평을 토로하는 사람들이 많다.

아내가 배려하며 따뜻하게 쉬도록 해주는 것이 역시 당연하지 않다. 부인은 부인대로 온종일 살림과 육아에 지치고 힘들어서 남편이 어서 와서 도와주기만을 기다리고 있기 때문이다.

건강할 때는 건강한 것이 당연하다고 생각한다. 그런데 병원에 가보면 마치 어딘가 아픈 것이 당연하다고 생각될 정도로 많은 환자들이 번호표를 뽑고 진찰을 받기 위해 기다리고 있다. 그 모습을 보면 우리가 건강하다는 것에 감사하는 마음이 저절로 생긴다. 당연하다고 생각하는 것이 당연하지 않을 수 있다는 사실을 인식할 때 불평이 줄어든다. 남편이 아파서 잠시 입원한 적이 있다. 우리에게는 입원이라는 것이 워낙 낯설었지만 실제로 입원해보니 병실에 빈 침대가 없어서 대기할 정도로 환자가 많았다. 잠시 입원해 있으면서 일상의 생활을 할 수 있음이 얼마나 감사한 일인지 다시금 깨닫게 되었다.

살림을 할 때도 마찬가지다. 신혼 초부터 나는 유난히 남편의 와이셔츠 다리는 것이 스트레스였다. 늘 맞벌이를 해서 시간적으로도 여유롭지 않았지만, 결혼 전에 다리미를 많이 사용해본 것도 아니고, 누가 가르쳐주지도 않은 것을 매주 몇 개씩 다려야 한다는 것이 참 싫었다. 겨우 다림질을 해도 셔츠 여기저기 주름이 보이고 마음에 들지 않았다. 그래서 처음에는 다림질을 할 때마다 투덜거리며 불평했었는데, 어떻게 할까를 고민하다 가까운 세탁소에 맡기기로 결정했다. 요즘은 내가 가서 맡기고 찾아오는 세탁소를 이용하면 셔츠 다림질은 비싸지 않다. 다림질할 시간에 책을 읽든지 아니면 쉬든지 또는 내가 하고 싶은 일을 하는 것이 훨씬 효율적이라고 생각해서 그렇게 하고 있다. 계속 불평을 하면서 무엇인가를 하는 것보다 대안을 찾고 그 에너지를 더 생산적인 곳에 사용하면 우리가 기대하지 않았던 또 다른 무엇인가를 얻을 수 있을 것이다. 돈이 없다고 늘 불평하는 사람들은 늘 돈이 없다. 그런데 어떻게 절약을 하고 돈을 더 모을 수 있을까에 집중하는 사람들은 돈을 모은다. 앞으로 돈을 많이 벌고 모을 것이라고 말하며 상상하는 사람들은 100퍼센트 돈을 잘 모은다.

포기하지 않는다는 말은 원하는 결과를 얻을 때까지 계속한다는 것이다. 불평하는 사람이 될 것인가, 아니면 문제 해결 능력을 갖춘 사람이 될 것인가는 자신의 판단에 달려있다. 한 가지의 문제를 해결해본 사람은 그다음에 일어나는 문제도 더 잘 해결할 수 있게 된다. 운동을 계속하면 근육이 강화되듯이 우리의 문제 해결 능력도 해가 갈수록 개선될 것이다. 돈을 관리하는 것도 계속해서 관심을 가지고 하다 보면 점차 노하우가 쌓이게 되고, 눈에 보이는 목돈이 생기면 더 신나서 열심히 하고 싶어진다.

내가 원하는 것을 말하는 것이 중요하다. 예를 들어 "목이 말라 죽겠네"라고 말하는 대신 "목이 말라 물을 마시고 싶네", "너무 바빠서 무엇부터 해야 할지 모르겠네" 대신에 " 순서대로 차근차근 하나씩 해야지", "이번 주는 시간이 안 돼서 못 만날 것 같아" 대신에 "이번 주는 어렵지만, 다음 주 월요일 오후, 금요일 오전은 가능해", "우리 집이 있으면 좋을 것 같아" 대신에 "나는 5년 이내에 내 소유의 집을 마련할 거야" 하는 식으로 가능한 것을 기준으로 이야기할 때 긍정의 에너지가 올라간다.

말하는 습관은 우리의 삶에 많은 영향을 미친다. 같은 상황에서 부정적인 표현보다 문제를 해결할 수 있는 긍정적인 표현으로 말하는 습관을 가져야 한다. 그렇게 되면 실제로 긍정적인 결과가 가져오게 된다. 또한 긍정적으로 표현할 때 실행 가능성도 더 높아진다.

이지성 씨의 『꿈꾸는 다락방』에 나오는 내용을 살펴보자. 프린트가 너무나 필요한데 돈이 없어서 살 수는 없는 상황이었다. 그런데 너무도 간절히 긍정적인 마음으로 원하니 중고 프린터를 싸게 바로 구입할 수 있었다는 것이다. 이러한 경험을 몇 번 하고 나면 확신이 생기기 때문에 그다음부터는 본인이 원하는 것을 더 적극적으로 상상하고 이미

지화했다. 이렇게 하면 나의 뇌도 그 일을 수행하기 위해서 방안을 찾으려고 애쓴다. 돈 관리와 내가 원하는 아파트를 사는 것것에도 똑같은 원리가 작용한다. 내가 원하는 금액과 날짜를 정하고 매일 같이 말하고 상상한다. 우리의 삶은 말하는 대로 꿈꾸는 대로 이루어진다.

버락 오바마 대통령은 8년의 임기를 마치며 고별 연설에서 'YES, WE CAN'을 강조했다. 대선에 나올 때도 'YES, WE CAN'을 내세웠는데 2번의 임기를 마치는 시점에서도 여전히 'YES, WE CAN'으로 마무리를 장식한 것이다. 그는 임기 기간의 좋은 성과는 모두 여러분이 실행했기 때문이고, 앞으로도 여러분은 그렇게 할 것이라고 말한다. 그리고 자신은 임기가 끝난 이후에도 여러분 옆에 있을 것이고 여전히 여러분이 무엇인가를 실행할 수 있도록 한 사람의 시민으로 있을 것이라고 했다.

긍정적인 사고방식과 할 수 있다는 신념은 우리의 삶을 더 많은 것을 할 수 있도록 이끄는 원동력이다. 부자가 되는 것도 우리가 말하는 대로, 상상하는 대로 이루어진다. 할 수 있다고 생각하면 끝내 현실로 이루어지고 할 수 없다고 생각하면 이루어지지 않을 것이다.

02 20대의 소비 습관이 평생을 좌우한다

　　일반적으로 20대 때부터 수입이 들어오기 시작한다. 20살이 되면 주민등록증이 나오고 합법적으로 성인이 된다. 그러면 많은 사람들이 부모로부터의 독립을 생각한다. 일단 부모님의 잔소리에서 벗어나고 성인으로서 할 수 있는 일이 많아진다고 생각한다. 물론 갈 수 있는 곳도 다양해지고, 할 수 있는 행동들의 범위도 넓어지는 것이 사실이다. 그런데 나는 20살의 성인이 된 것도 물론 중요하고 축하받을 일이지만 경제적인 독립을 할 수 있을 때 진정한 성인이 될 수 있다고 생각한다.

　　요즘은 대학을 졸업하고도 원하는 곳에 취업을 못하는 경우가 많은데, 무엇을 하든 자신의 시간과 노력을 들여 경제활동을 해보는 것은 매우 중요하다. 부모에게서 용돈을 받아서 쓰면 그 돈을 벌기가 얼마나 어렵고 힘든지를 절대 알 수가 없다. 늘 용돈을 더 받지 못함을 아쉬워하고 돈에 대한 소중함이나 절실함도 미약하다. 안 해본 일을 해보는 것, 사람들과의 관계를 가지며 일하는 것, 시간을 관리하는 것, 노동에 대한 대가가 무엇인가를 몸소 체험하는 것은 매우 중요한 일이다. 책이나 이론에서 배울 수 없는 소중한 자신만의 자산이 되는 일들이다.

나도 대학생이 되었을 때 선배의 소개로 중학생 과외 아르바이트를 했다. 내가 중·고등학교에 다니던 시절에는 과외를 하거나 받는 것이 법적으로 허용이 되지 않아서 과외를 받아본 적이 없다. 그런데 내가 대학생이 되고 나서부터 대학생이 중학교, 고등학생을 과외하는 것이 가능해졌다. 그래서 운이 좋게도 대학교 1학년 때부터 통장에 잔고를 쌓을 수 있었다. 과외를 받던 학생이 중학교 1학년 때 시작하여 고등학교 1학년이 될 때까지 영어, 수학을 주 2회 2시간씩 가르치고 한 달에 25만 원의 과외비를 받았다. 내가 대학을 졸업하고 취업을 했을 때 월급이 약 50만 원 정도였는데, 25만 원이면 꽤 보수가 높은 편이었다. 시험기간이거나 학교 행사가 있을 때는 시간을 내기가 힘들었지만 그래도 그 상황에 맞게 잘 대처하면서 4년간 과외 아르바이트를 이어갔다. 나중에는 공부하는 학생과 친해져서 그 친구의 시험이 끝난 주말에는 함께 영화도 보고 떡볶이도 사먹으며 친한 언니 동생으로 지내면서 멘토 역할도 해주었던 기억이 난다.

나는 20대부터 통장 관리를 했었다. 정작 중요한 것은 20살 때부터이다. 20살 때 돈을 쓰고 관리하는 모습을 보면 40대를 예상 할 수 있다. 수입이 생기면 지출할 생각을 한다면 나중에 40대가 되어서도 모은 자산이 없을 것이다. 20대이지만 들어온 수입과 지출을 계획하고 1년에 얼마의 종잣돈을 모으겠다고 목표를 세우는 사람은 40대가 되었을 때 안정된 가정경제를 유지한다. 여기에서 그치는 것이 아니다. 60대가 되어서도 40대의 습관과 성향을 그대로 가지고 간다. 수입이 들어올 때는 걱정 없이 소비를 할 수 있지만 월급이 끊어지는 때부터 3~4년 뒤에는 어려운 상황에 처하게 된다.

주변에 개인 사업을 하는 분의 이야기를 들어봤다. 이분은 월급을 받는 생활이 아니기 때문에 항상 수입이 불규칙했다. 사실 이럴수록 돈 관리는 더 철저하게 이루어져야 한다. 수입이 많다고 해서 넉넉히 쓰고 수입이 적은 경우에는 카드를 사용하거나 돈을 빌려서 생활을 하는 사람들도 있다. 사업이 잘될 경우에는 일시적으로 많은 돈이 들어온다. 이럴 때 수입통장에 넣고 그 달의 생활비만 지출통장으로 옮겨야 한다. 그런데 그동안 돈이 부족했던 것이 한이 되어 수입이 생기면 일종의 보상심리 때문에 일단 지출을 필요 이상으로 많이 한다. 그러다가 그다음 달에 수입이 줄면 또 생활고에 시달린다.

부모에게 재산을 받는 경우를 제외하면, 사실 20대 초반에는 누구나 비슷한 수준에서 시작하게 된다. 성인이 된 이후에 처음부터 자신의 수입과 지출을 생각하고 통제하는 사람은 그것이 습관으로 몸에 밴다. 그런데 20대부터 있으면 더 쓰고, 없으면 버티기 작전으로 생활하면 돈을 제대로 관리할 수가 없다. 20대에 수입이 적은 경우에는 그 수입에 맞추어 생활할 수 있도록 자제하고 통제할 수 있어야 한다. 만약 유럽에 배낭여행을 가고 싶다고 결정하면 먼저 일을 저지르고 뒷수습을 할 것이 아니라 언제 여행을 갈 것인가를 결정하고 필요한 비용이 얼마인가를 조사해야 한다. 그리고 시간과 예산에 대한 계획을 세워야 한다. 사람이 원하는 것을 스스로 정하고 목표를 세우면 집중하고 몰입하는 힘이 생긴다. 구체적인 목표를 세우지 않고 막연히 언제 기회가 되면 유럽에 배낭여행을 가겠지 하고 생각하면 절대로 갈 수가 없다.

나도 20대에 친구들과 유럽 배낭여행을 가고 싶었다. 그래서 과외 아르바이트를 하면서도 일부를 매달 따로 저금했었다. 그때는 지금처럼 휴학하는 사람들이 많지 않았고, 특별한 이유가 있거나 남자들이 군 입대, 제대 시기와 새 학기를 맞추느라 휴학하곤 했다. 그래서 나도 4년 동안 휴학 없이 학교를 졸업하고 직장에 다니며 휴가를 내려고 계획하고 있었다. 중학교 동창과 함께 가기로 약속을 하고 1년 이상 돈을 모았는데 막상 여행을 가기 2달 전에 친구가 부모님이 허락을 안 하셔서 갈 수가 없다는 것이다. 둘이서 구체적인 계획까지 세우고 시간도 모두 정해놓았는데 여자 둘이서 유럽을 배낭여행한다는 것이 안심이 안 된다는 것이 이유였다. 사실 지금은 더 강하게 주장해서 갈 수도 있었을 텐데 하는 생각도 든다. 어쩌면 그 친구가 유럽 여행을 간절히 바라지는 않은 것인지도 모르겠다. 그래서 나는 허탈하게 여행 계획을 일단 취소할 수밖에 없었다.

그런데 결국은 신혼여행으로 남편과 둘이서 유럽 배낭여행을 떠났다. 그 당시에는 패키지를 통해 동남아로 신혼여행을 떠나는 사람들이 많았다. 그런데 우리는 아주 커다란 배낭을 하나씩 메고 2주 동안 유럽 배낭여행을 했다. 요즘에는 유럽을 갈 일이 있으면 직행 비행기를 타지만 그 당시에는 비용도 절약하고 홍콩도 구경할 겸 케세이퍼시픽 항공사를 이용하여 홍콩에서 1박을 한 다음 유럽으로 가는 비행기로 갈아탔다. 지금 생각하면 왜 굳이 그렇게 고생하며 배낭여행을 갔을까 싶기도 하지만 이 여행을 계기로 우리는 여행자금을 조금씩 저금해서 해마다 외국 여행을 다녔다. 배낭여행을 하며 고생을 많이 한 탓인지 그다음부터 다니는 여행은 모두가 그보다는 더 편안하고 수월한 여행이었다. 2주 동안 유럽을 여행하는 동안 로마에서는 책으로만 접했던 집시가 우리를 따라와서 갑작스럽게 일정을 변경하여 하루 먼저 로마를 떠나기도 하고, 저녁 늦게 도착한 도시에서는 숙소 잡기가 어려워서 고생을 한 기억이 지금도 생생하다. 지금은 모두 아름다운 추억으로 남아있다.

결혼 후에 미국 서부를 여행할 때는 자동차를 렌트해서 운전하며 여유로운 여행을 즐기기도 했다. 이 모든 것들이 돈이 많아서가 절대로 아니다. 돈을 계획하고 관리하면서 내가 원하는 삶을 사는 방법이다. 다른 것을 사고 싶을 때 내가 선택하는 것이다. 이것을 구입할 것인지 아니면 내가 원하는 여행을 갈 것인지 말이다. 그 선택은 자신에게 달려있고, 그러한 선택이 이어져서 삶이 이루어진다.

별 생각 없이 수입과 지출이 반복하면 나중에는 늘 돈 버느라 고생은 하는데 어디에 모두 썼는지 잘 모르겠고 남은 돈도 없는 상태가 된다. 돈을 관리하면 내가 중요하게 생각하는 것에 우선순위가 매겨지고 나의 삶을 주도적으로 살 수 있다.

　20대에 처음으로 돈을 벌면서 수입통장과 저축통장, 지출통장을 명확하게 구분하며 관리할 수 있어야 한다. 그런데 아무도 이러한 것을 가르쳐주지 않고 그냥 수입이 들어오면서 나도 모르게 한 달, 한 달 생활하게 된다. 이렇게 살다 보면 항상 돈은 부족한 것 같고, 무엇인가를 하려고 하면 일단 카드로 계산하고 나중에 이를 갚느라 고생한다. 특히나 요즘 세상은 편의점에서 음료수 하나를 구입해도 카드로 계산하는 시대이다. 현금을 가지고 다니지 않는 세상이니 지출에 더 둔해질 수밖에 없다. 눈에 보이는 것에 대해서는 마음먹으면 그래도 어느 정도 잘할 수 있다. 하지만 눈에 보이지 않는 것은 눈에 보이는 것보다 두 배 이상의 노력을 해야 제대로 관리할 수 있다.

　처음 습관이 매우 중요하다. '왜 돈을 버는가?'에 대해서도 스스로에게 질문을 해봐야 한다. 성인이 되고 일을 하면서 수입이 생긴다. 그저 의식주를 해결하기 위해서 돈을 벌지는 않을 것이다. 기초적인 의식주만을 해결하려면 적당히 일하고 적당히 벌어도 기본 생활은 가능하다. 그런데 대부분의 사람들이 돈을 많이 벌기를 희망한다. 왜일까?

　막연히 돈이 많으면 좋으니까가 아니다. 나는 어떠한 삶을 살고 싶고 그러려면 나에게 필요한 것들이 무엇일까? 나는 어떠한 것에 가치를 두고 사는 사람인가? 나는 무엇을 하고 싶은가? 나는 돈을 어떠한 우선순위로 지출할 것인가? 이런 고민을 하는 사람과 그렇지 않은 사람은 10년 뒤에 다를 수밖에 없다.

20대에 돈 관리를 하는 사람은 단지 돈만 관리하는 것이 아니다. 자신의 삶을 가고자 하는 방향으로 리드하는 것이다. 돈을 관리하는 사람은 시간도 관리하게 되고 자신의 삶에 있어서도 우선순위가 명확하다. 돈을 자신의 수입보다 더 많이 지출하는 사람은 원인 파악도 잘 안 된다. 사고 싶은 것을 사고, 친구들을 만나고, 영화도 보고, 가끔은 여행가고, 또 독립한 사람들은 생활비까지 충당하고 나면 남는 것이 없다고 한다. 그러면 이러한 생활이 30대가 되어도, 40대가 되어도 똑같이 이어진다.

다들 막연하게 결혼을 하여 맞벌이를 하면 수입이 두 배로 늘어나니까 뭔가 달라질 것이라 기대한다. 저축도 혼자서 벌 때보다 두 배로 할 것이라 기대한다. 하지만 절대로 그렇지 않다. 결혼을 하면 각자 생활하면서 용돈으로 쓰던 것보다 두 배 이상으로 돈이 들어간다. 양쪽 집안에 대소사 일도 많고, 생활비도 생각보다 많이 들어간다. 분명 돈은 둘이 버는데 결혼 전에 혼자서 생활할 때보다 뭔가 더 빠듯한 느낌을 받는다. 그래서 20대에 돈 관리를 하는 것이 습관이 되어야 한다는 것이다. 자신의 수입과 지출을 명확히 알고 있으면 꼭 쓰지 않아도 되는 것이 눈에 보인다. 판단력이 생긴다. 이러한 소비 습관을 가지고 결혼을 해야 한다.

수입과 지출이 계획되지 않는 상황에서 아이가 태어나면 상황은 훨씬 더 심각해진다. 일단 아이가 태어난 이후의 맞벌이란 정말 끔찍하다. 아기용품에 대한 비용도 많이 들지만 무엇보다 육아비용을 지불해야 하는 것이 큰 짐으로 다가온다. 그렇다고 잘 다니던 직장을 당장 그만둔다는 것도 쉽지 않다. 몸은 몸대로 힘들고, 월급은 받지만 지출은 생각 이상으로 많다. 특히나 여성들이 결혼하고 엄마가 되면 직장을 그만두고 전업맘으로 육아에 전념해야 하는지, 아니면 비싼 육아비용을 들이면서도 나의 커리어를 계속 이어가야 하는지 고민하고 또 고민하며 하루하루를 보내게 된다.

나는 회사를 다니다가 아이가 태어나면서 프리랜서로 직업을 바꾸고 일과 육아를 함께 한 케이스다. 나름 운도 좋았고 올케가 우리 아이를 36개월까지 전적으로 돌봐줘서 가능했던 일이다. 지금이야 아이가 성인이 되었지만 정말 수도 없이 일과 육아를 고민하며 아이를 키운 것이 사실이다. 어려운 과정을 잘 넘기고 이제는 나의 일에 전념할 수 있는 여건이 되었다. 그동안 일을 놓지 않았기에 현재에도 일할 수 있음은 분명하다.

20대에 처음 돈을 벌면서 돈 관리가 얼마나 중요한가를 다시 한 번 강조하고 싶다. 돈 관리에 관심을 갖고 제대로 하는 사람이 자신의 전반적인 삶에 있어서도 계획하고 실행하며 주도적인 삶을 산다는 점 역시 강조하고 싶다. 20대에 돈 관리를 잘한다는 것은 나의 수입과 지출을 기록하면서 수입 안에서 생활하는 것이다. 생각 없이 지출을 하면 그것이 바로 습관이 되어버린다는 것이 무섭다. 생각보다 시간이 많이 걸리고 어디서부터 어떻게 해야 할지 막막해진다. 어느 순간이라도 돈 관리를 제대로 하려면 나의 수입과 지출을 기록하면서 원하는 목표를 위해 목돈을 만들 수 있는 힘을 키워야 한다.

03 무조건 절약하는 것만이 답은 아니다

인생을 살면서 무조건 미래를 위해 지금의 고통은 참아야 한다고 말한다면 나는 반대한다. 이런 인생은 항상 내일을 위하여 오늘은 힘들고 지치지만 견뎌내야 한다는 생각이기 때문이다. 만약 우리가 이렇게 생각하고 하루하루를 살아간다면 죽을 때까지 언젠가 올 장밋빛 인생을 위해 희생하는 인생이 될지 모른다. 물론 기한을 정해놓고 "앞으로 5년만 고생하면 그 이후로는 편하게 살 수 있을 거야"라고 말할 수 있지만 실제로 5년이 지나고 나면 또 다른 5년이 기다리고 있다.

**현재의 즐거움과
행복함도 중요하다**

우리가 자랄 때는 대부분의 부모님들이 "학창 시절에 참고 공부 열심히 해서 좋은 대학에 가고 좋은 회사에 취직하면 그 이후부터는 편하게 살 수 있을 거야"라고 말씀했다. 나도 이런 말을 많이 듣고 자랐다. 하지만 대학을 졸업하고 취업을 하니 어떤가? 일단 시험에서 해방되고 경제활동을 하여 경제적으로 독립한다는 것은 참 기쁜 일이다. 학창시절에 치르는 시험과 학점 관리와는 비교가 안 되게 즐거운 일이다. 하지만 그 즐거움도 잠깐이고 예상치도 않은 또 다른 문제들이 산처럼 쌓여있다. 결혼을 하면 힘든 일도 나누어서 하고, 늘 사랑하는 사람과 함께 할 수 있으니 마냥 행복할 것만 같지만 사실 결혼식을 준비하는 과정에서부터 부딪히는 일이 한두 가지가 아니다. 이렇듯 우리의 인생은 늘 해결해야 할 과제들을 만나고 그것들을 풀어나가는 과정이기에 그 안에서 기쁨과 감사를 누리는 것이 중요한 것 같다.

그러니 앞에 펼쳐질 분홍빛 미래를 위해 현재를 희생하며 사는 것은 옳지 않다. 현재의 즐거움을 느낄 수 있어야 한다. 돈을 모을 때도 이러한 생각이 더욱 중요하다. 가끔은 돈을 모은다고 무조건 절약만을 내세워 현재는 사고 싶은 것도, 먹고 싶은 것도, 가고 싶은 것도 참고 나중에 하겠다고 하는 사람들도 있다. 우리 모두는 현재에 즐거야 할 것 들이 있다. 그 시절에 즐기지 않으면 똑같은 감정을 느낄 수 가 없다.

학생들이라면 학창시절에 친구들과 어울리고 그 시절에 멋 부리고 싶은 것들이 있다. 공부만 한다고 친구들과 어울린 기억이 하나도 없다면 나중에 돌아볼 추억거리가 하나도 없을 것이다. 과하지 않게 현재의 시간을 즐기면서 미래의 계획을 준비하고 실천하는 것이 좋다. 예를 들어 신혼여행 비용을 아끼겠다고 아주 조촐하게 하면 나중에 나이 들어서 후회할 수도 있다. 신혼의 기분은 그때밖에 느낄 수 없는 것이다. 무엇이든지 과한 것이 문제가 되지, 기본적인 것들은 즐기라고 말하고 싶다.

재테크를 하는 경우도 이런 경우가 많다. 미래의 행복을 위해서 현재 내가 살고 있는 환경은 너무 열악하거나 힘든데 참고 지낸다고 생각하면 행복하지 않다. 일시적인 불편함은 괜찮겠지만 늘 일상이 이런 식이라면 삶의 무게가 너무나 미래에만 치우쳐 있는 것이다. 우리는 지금 이 순간 현재를 살고 있다. 이 순간이 행복해야 나의 삶이 행복하다. 행복한 순간순간이 모여서 나의 하루가 되고, 일주일이 되고, 한 달이 되고, 일 년이 되고, 나의 삶이 된다. '까르페디엠'이라는 단어가 생각난다.

여행에도 때가 있다

우리네 부모님은 자식들 다 키우고 50대 후반이나 60대가 되어서야 여행을 다니기 시작했다. 그동안은 시간도 그렇지만 경제적으로도 여행에 비용을 쓸 만큼 마음의 여유가 없는 것이다. 결국 모든 것은 마음에서 시작한다. 그런데 60대가 되어서는 많이 걷기도 힘들고 육체적으로 지친다고 하신다. 비싸고 호화로운 여행이 아니라도 젊었을 때 할 수 있는 여행을 하는 것이 좋다. 경험을 쌓고 생각의 폭을 넓히면 이러한 요소들이 모여 차별화된 나만의 장점을 만들 수 있다. 그러므로 여행할 수 있는 여윳돈을 관리하는 것은 매우 중요하다. 예산에서의 지출은 충분히 누릴 수 있는 것이다. 계획하지 않고 즉흥적으로 여행을 다니며 소비를 하는 것이 나중에 문제가 되는 것이다.

아이들을 키울 때도 마찬가지이다. 초등학생 자녀를 둔 경우에는 국내여행이든 해외여행이든 많이 다니는 것이 좋다. 여행지를 정하는 것부터 아이들을 참여시켜 여행이 가족의 삶이 되고 가족의 문화가 될 수 있도록 하는 것은 가족애를 탄탄하게 해주는 돈으로도 살 수 없는 소중한 자산이다. 사실 2020년에는 코로나19로 인해 해외여행을 할 수 없는 상황이지만 어서 빨리 코로나19가 종식되고 백신이 나와서 여행이 일상이 되는 삶으로 돌아갔으면 좋겠다.

**현재의 일상이
미래를 완성한다**

특별한 날이 아니라도 부부가 함께 외출하여 커피를 마시며 소소한 시간을 보내는 것도 10년, 20년이 지나고 보니 부부관계를 돈독하게 해준 중요한 수단이라는 것을 알게 되었다. 이런 시간이 반복되고 잦아지면 자연스럽게 이런저런 대화를 나누게 되고 이야기도 깊어진다. 바쁘게 살다 보면 제대로 된 '대화'를 하기가 쉽지 않다. 같은 집에 살면서 밥을 먹고 TV를 보지만 속 깊은 대화를 나눌 기회도 많지 않다. 그러면서도 서로를 잘 안다고 착각하고 살아가고 있다.

하지만 부부가 결혼을 한 후 서로가 어떤 고민을 하는지 잘 모르는 경우가 더러 있다. 예전에는 남편이 바깥에서 힘든 일이 있어도 집에 와서는 표를 내지 않는 것이 미덕이라고 생각했다. 지치고 불편한 일이 있어도 집에 와서는 아무 일 없는 것처럼 행동한다면 얼마나 힘들까 싶어서 안타깝다. 진정한 부부는 서로의 어렵고 스트레스 받는 일도 함께 나누고 들어주며 공감하고 격려해줄 수 있어야 한다. 우리 부부는 서로를 친구 같은 존재로 여기고 가정사를 함께 의논하며 힘든 일이 있으면 조언을 구하기도 한다.

이야기를 자주 하다 보면 자녀를 어떻게 키울 것인지에 대한 의견을 조율할 수 있고, 가정의 앞날에 대해서도 이런저런 계획을 세울 수 있다. 그러면서 자연스럽게 돈을 어떻게 관리하는 것이 좋고, 어떤 계획으로 노후를 대비하면 좋을지도 이야기하게 된다. 하루아침에 무슨 일을 결정하는 것은 아니지만 시간을 자주 가지면 배우자에 대해서도 더 이해하게 되고 어떠한 문제를 해결하거나 의사를 결정하기 수월해진다. 부부만의 시간을 갖는 데 약간의 비용을 쓰는 것을 아까워하지 말자. 그 이상의 것을 얻을 수 있는 밑거름이 된다.

내가 아는 부부는 맞벌이를 하는데 일주일에 한 번은 함께 외식하는 시간을 정하고 대화의 시간을 가진다고 한다. 서로에게 다른 일이 생기면 미리 양해를 구하고 요일을 바꾸기도 하지만 가능한 한 부부가 정한 요일에는 함께 외식을 하려고 노력한다. 단순히 밥을 밖에서 먹는 것이 아니라 식사하면서 대화하는 데 더 무게를 두는 것이다. 이렇게 부부가 한마음이 되었을 때 가정이 더 밝고 성장하게 된다는 것은 의심의 여지가 없다.

우선순위를 정하고 지출을 통제하자

무조건 소비를 줄이고 돈을 모은다면 삶이 재미가 없을 것 같다. 정해진 돈을 쓸 때 우선순위가 있다면 마음이 편하다. 정해진 생활비에서 아무렇게나 지출을 하면 나중에 생활비가 다 떨어지고 마이너스 통장을 쓰게 될지도 모른다. 아니면 지출을 억제하면서 속상해할지도 모른다. 하지만 우선순위가 있다면 지출을 줄이는 데 크게 스트레스를 받지 않는다. 예를 들어 개인적으로 쓸 수 있는 한 달 용돈이 50만 원이라고 하면 이 중에서 내가 좋아하고 중요하다고 생각하는 것에 돈을 쓰고 덜 중요하다고 생각하는 것에 비용을 줄인다. 자기계발에 충실하고 배우는 것을 좋아하는 사람들은 용돈의 30퍼센트 이상을 강의를 듣거나 무언가를 배우는 데 쓴다. 독서를 삶의 일부라고 생각하는 사람들은 책을 구입하는 데 많은 용돈을 할애한다. 만약 자신의 외모를 꾸미는 것이 가장 중요하다고 생각한다면 그 부분에 비용을 제일 많이 지출한다. 대신에 다른 영역에서는 절제할 수 있어야 한다. 내가 좋아하는 것에 지출을 하면 그 안에 즐거움이 있기 때문에 다른 것을 줄인다고 해서 크게 스트레스를 받지 않게 된다.

그래서 무엇인가를 살까 말까 망설일 때 나는 나의 지출 우선순위를 생각한다. 중요하다고 생각하는 것에는 지출을 하지만 평상시에 내가 중요하다고 생각하지 않는 것에는 소비를 덜 하려고 노력한다. 내가 중요하게 생각하는 부분은 자기계발과 사람을 만나는 것이다. 그래서 옷이나 신발, 가방을 사는 데는 돈을 덜 쓰려고 하고 새로운 것을 배우거나 강의를 듣는 것, 책을 사서 읽는 것, 좋아하는 사람들 만나는 것에는 용돈 안에서 즐겁게 지출을 한다.

일을 하거나 시간을 쓰는 데도 우선순위가 있듯이 소비에도 나만의 우선순위가 있다면 현명한 지출을 할 수 있다. 이렇게 하려면 내가 무엇을 더 좋아하고 무엇을 더 중요하게 생각하는지 나 자신과 끊임없는 대화를 해야 한다. 내가 무엇을 좋아하는지 모르는 사람은 지출을 할 때도 우선순위를 정할 수가 없다. 그때그때 다르게 지출하다 보면 나중에 돈은 모두 써서 없는데 딱히 남는 것도 없는 상태가 된다. 내가 이번 달에 어디에 돈을 가장 많이 썼는지 살펴보면 나의 관심사도 알 수 있다. 지출한 내용이 나의 열정이나 가치관에 부합된다면 지속해도 되지만 그렇지 않다면 제일 먼저 지출의 우선순위를 정해야 한다. 무조건 돈을 절약하는 것이 아니라 가능한 범위 내의 돈을 내가 좋아하고 중요하다고 생각하는 것에 먼저 사용한다면 같은 돈을 사용하고도 더 큰 성과를 얻을 수 있게 된다.

04 좋은 소비 VS 나쁜 소비

대출을 일으킬 때도 좋은 대출과 나쁜 대출이 있다. 예를 들어 대출한 돈으로 또 다른 투자를 하여 얻은 이익으로 원금과 이자를 갚아 나가는 것이다. 어느 정도 시간이 지나면 대출은 제로가 되고 투자한 것은 고스란히 나의 자산이 되는 경우이다. 이것은 좋은 대출이다. 지금은 나이가 일흔이 넘으신 지인의 어머니는 50대 중반에 작은 빌라를 구입했다. 1억에 구입했는데 구입할 당시에는 돈이 모자라서 은행에서 담보대출을 받았다. 현재까지 그 빌라를 소유하고 있는데 그동안의 월세로 대출받은 것을 모두 갚고 월 40만 원의 임대소득을 받는다고 한다. 그 이후로 오피스텔도 매수해 이와 같은 방법으로 월 소득을 얻고 있다. 처음에는 대출을 이용했지만 결국 대출이자보다 수입이 많거나 결과적으로 자산이 증가했다면 좋은 대출이다.

지금은 다소 덜 하지만 일본의 부동산과 한국의 부동산에 대해서 말이 많았다. 한국의 부동산도 일본을 따라갈 것이라고 봤다. 일본의 부동산 폭락과 거품 붕괴에 대해서 언급하면서 2018년에 부동산 폭락이 올 것이라고 얘기하는 사람들이 매우 많았다. 나의 지인 중 한 분도 2017년에 집을 팔았다. 2018년에 폭락이 올 것이기 때문에 2017년에 고가로 팔고, 2018년에 저가로 집을 살 계획이었다. 하지만 2017년에 집을 판 이후로 아직까지 전세로 살고 있다. 2018년의 대폭락을 믿은 자신을 매우 후회하고 있다. 일본의 부동산과 우리나라 부동산에서의 다른 점은 대출이자율에 있다고 본다. 일본의 부동산이 무섭게 상승할 때는 일본에서 LTV(Loan To Value ratio), 주택담보대출을 100%까지 한 적이 있었다. 대출로 집을 매수했는데 나중에 대출금리를 올리니 이자를 감당할 수 없어서 시장에 매물이 많았던 것이다. 주택담보대출이 60~70%였을 때 갭투자가 매우 유행했었다. 지금은 대출을 규제하기 때문에 이러한 시장이 맞지 않는다. 대출을 규제하고 있지만 동시에 금리는 매우 낮다. 코로나로 인한 경제위기를 막기 위해서는 대출금리를 올릴 수 없는 현실이다. 만약에 정부가 대출금리를 올리는 방향으로 간다면 부동산 투자에서의 대출은 매우 신중히 고려해야 할 부분이 될 것이다.

어떤 신혼부부는 신혼집을 마련하는 데 돈이 부족해서 대출을 받아 전세를 얻었다. 소득에서 매달 이자를 내기 때문에 저금을 제대로 할 수가 없다. 그런데 2년 후에는 전세금을 올려달라고 해서 또 대출을 하거나 더 작은 곳으로 이사를 가든지 선택해야 한다. 이런 경우가 바로 나쁜 대출이라 할 수 있다. 처음부터 가진 돈 안에서 작은 신혼집을 구하든지 아니면 이자와 함께 원금을 상환해서 2년 뒤에는 빚을 줄이고 이자도 낮춰야 한다.

대출에서도 좋은 대출과 나쁜 대출이 있듯이 소비에서도 좋은 소비와 나쁜 소비가 있다. 대부분의 가정에서 자동차를 살 때 보면 할부로 사는 경우가 많다. 요즘은 이런 비용을 당연히 지불해야 하는 항목으로 생각한다. 하지만 우리 부부는 그렇게 생각하지 않는다. 물론 자동차가 현대인의 삶에 필수품인 것은 인정하지만 자신의 경제규모에 맞게 차를 구입해야 한다는 것이다. 우리 집 같은 경우는 자동차를 사거나 바꿀 계획을 미리 세우고 거기에 맞는 목돈을 마련한다. 목표한 돈이 모아지면 그 범주 안에서 자동차를 구입했다. 일반적으로 할부로 구입하면 매달 그에 해당하는 이자를 내야 한다. 그리고 조금 더 좋은 자동차를 사도 매달 지불해야 하는 할부금은 크게 늘지 않기 때문에 실제로는 자신이 감당할 수 있는 것보다 한두 단계 위의 자동차를 구입하게 된다. 우리가 자동차를 살 때도 이런 유혹은 항상 있다. 우리 부부는 무이자 할부가 가능한 경우에도 이를 선택하지 않는다. 예산을 세우고 거기에 맞는 자동차를 비교 분석하기 때문에 충동구매를 막을 수 있다. 좋은 소비란 내가 감당할 수 있는 범위 내에서 지출하고 괜한 이자를 내지 않는 것이다.

**가치가 상승하는
소비를 하자**

사고 난 이후에 가치가 올라가는 것도 있고 사고 난 이후에 바로 가치가 하락하는 것도 있다. 새로운 자동차를 구입하고 몇 개월 뒤에 사정이 있어서 팔려고 하면 가격이 많이 떨어진다. 명품이라고 말하는 가방이나 물건들도 살 때는 매우 고가이지만 사고 나서 얼마 후에 중고로 팔려고 하면 처음 가격의 50퍼센트도 못 받는 경우가 많다. 이렇듯 사고 난 이후에 처음에 산 가격보다 가치가 많이 하락하는 것에 많은 비용을 들이는 것은 좋은 소비라고 말할 수 없다. 물론 그 소비행동으로 인한 개인적인 만족감이나 행복감은 다른 이야기다. 구입 이후에 가치가 떨어지더라도 그러한 것을 소유하는 것에 대한 만족도가 크다면 그것은 개인의 가치관에 따라 결정할 일이다. 순수하게 경제적인 관점에서 이야기하면 그렇다는 것이다.

반면에 자본이 탄탄하고 이익이 많이 나는 기업의 주식이나 금, 부동산은 처음에 구입한 가격에 비해서 오르기도 하고 내리기도 하지만 장기간의 그래프를 보면 점차적인 우 상향 그래프를 그린다. 내가 소비하는 부분이 점차 가치가 상승할 여지가 있는 것인지, 아닌지를 생각해볼 필요가 있다.

처음에는 이런 것이 중요하다는 인식조차 하지 못한다. 하지만 이러한 인식을 하는 사람과 그렇지 않은 사람의 삶은 시간이 지날수록 차이가 난다.

드라마나 연예인 또는 인터넷에 떠돌아다니는 가십거리 등 흥미 위주의 이야기만을 하는 사람들은 늘 그런 이야기를 주로 한다. 만나서 이야기하는 동안은 재미있을지 모르지만 만나고 나서 돌아오면 남는 것이 없다. 허무하다고 느낄 때도 있다. 하지만 어떤 사람들은 만나서 책이나 서로의 관심사에 대해 깊이 있게 토론하거나 각자가 꿈꾸는 미래에 대한 고민도 나눈다. 이러한 사람들은 서로의 삶이 성장할 수 있도록 응원하고 힘이 되어준다. 나도 지인들에게 힘을 주고, 나 또한 에너지를 얻고 온다면 그러한 모임은 기다려지고 또 만나고 싶다. 시간을 쓰는 것이 그렇듯 소비를 하는 것도 좋은 소비와 나쁜 소비가 있다는 점을 알아야 한다.

공간을 만들자 무엇인가를 자꾸 사는 것이 요즘은 즐겁지가 않다. 살림살이가 늘어나면 정리하는 시간이 늘어나고 보관해야 할 공간이 필요하기 때문이다. 예전에는 무료로 무엇인가를 준다고 하면 '지금은 꼭 필요하지 않지만 언젠가는 필요할 거야'라고 생각하면서 열심히 받아왔다. 마트에서 갔다가 음료수를 많이 사면 아이스박스를 주는 행사를 보고 무조건 사기도 했다. 얼마 전에 집을 정리하면서 아이스박스를 네다섯 개는 버린 것 같다. 창고에 보관하면서 있는 줄도 모르고, 몇 년간 사용하지도 않으면서 자리만 차지하는 물건들이 너무나 많다.

집안에 물건이 많아질수록 넓은 평수로 이사하고 싶어진다. 서울에서 집을 넓혀 갈려면 아주 많은 돈을 지불해야 한다. 작은 평수에서 쾌적하게 사는 방법을 알아야 넓은 공간으로 이사를 가도 만족스럽게 생활할 수 있다. 물건이 너무 많아서 집이 좁다고 큰 평수로 이사하는 사람들을 보면 큰 집으로 이사를 갔는데도 얼마 지나지 않아서 새롭게 이사 간 집이 여전히 비좁게 느껴진다. 정리를 잘하는 사람은 작은 공간도 효율적으로 잘 사용할 수 있지만 기본적으로 소유하고 있는 물건이 많아질수록 비효율적인 삶을 살게 되는 것이 사실이다.

그래서 요즘 나는 무엇인가를 살 때 매우 여러 번 고민한다. 구입하면 잘 쓸 것 같지만, 없더라도 불편을 감수할 수 있다면 가능한 한 구입을 자제하고 있다. 신혼 초나 아이를 키울 때는 아무래도 이것저것 필요한 것들이 많다. 하지만 아이가 성인이 되고 나면 점차 짐을 줄이는 습관을 가져야 한다. 처음 구입할 때는 꼭 필요한 것 같고, 가지고 있으면 자주 사용할 것 같지만 늘 새로운 것이 나오고 생각만큼은 쓰지 않는 경우가 더 많다. 사실 주방에서 사용하는 기구들도 매번 새로운 것들이 나오고 옆집에서 좋다고 하면 나도 꼭 사야 할 것만 같다. 하지만 막상 구입해서 사용하게 되면 처음 몇 번만 사용하고 점차 시들해져서 쓰지 않게 된다. 몇 번 사용하지 않고 결국 창고에 보관하게 된다면 나쁜 소비인 것이다. 나 역시 이러한 경험을 몇 번 하고 나니 요즘에는 무엇인가를 새롭게 구입할 때 예전보다 훨씬 신중해졌다.

한 달 이상 배낭을 메고 걷는 여행을 다녀온 지인이 있었다. 처음에는 이것도 필요하고 저것도 필요할 것 같아서 최대한 배낭을 채워서 여행을 시작했지만 걸을수록 가방이 무겁게 느껴지고 힘들어서 점차 가방의 무게를 줄이게 되었다. 최대한 가방을 가볍게 해야 오래 걸을 수 있었기 때문에 옷도 꼭 필요한 2개만 남겼다. 그리고 이러한 여행을 마치고 돌아오니 집에 있는 물건들도 자연스럽게 정리하게 되었다고 한다. 그는 평상시 우리가 사용하는 것들은 우리의 생각만큼 그렇게 많은 것들이 아님을 깨닫고 최소한의 살림으로 생활하려고 노력한다는 이야기를 들려주었다. 나 또한 이러한 이야기에 매우 공감한다.

옷을 구입할 때도 한 번 더 생각하게 된다. 막상 입으려고 하면 옷이 없다고 느끼지만 옷장을 보면 정말 옷으로 꽉 차 있다. 버리지 않고 계속 옷을 사게 되면 옷장을 하나 더 구입해야 할 정도이다. 봄, 여름, 가을, 겨울의 사계절이 있는 한국에 살아서 자연의 아름다움을 만끽할 수 있어 매우 행복하고 감사하지만 옷장에도 사계절의 옷이 들어가기에 늘 공간이 부족하다는 생각이 든다. 그래서 새롭게 사는 것에 매우 신중하게 된다. 나쁜 소비가 아니라 좋은 소비를 하고 싶어진다. 무작정 물건을 사지 않고 이것이 꼭 필요한 것인지를 고민하며, 새로운 것을 사면 기존 것을 버려 공간을 만든다.

좋은 소비를 하고 정리를 잘하는 사람은 혼자 살든지 결혼을 하든지 비슷한 면이 있다. 혼자 살면서도 자신의 방이 정신이 없으면 결혼을 해서도 잘 정리하거나 좋은 소비를 할 가능성이 낮다. 하지만 늘 자신의 방과 자신의 사무실 책상이 잘 정리된 사람들은 결혼을 해서도 집안 정리를 잘하고, 좋은 소비를 할 가능성이 높다.

**생산적인 소비를
해야 한다**

'시간을 죽인다'라는 표현이 있다. 별로 특별한 일을 하지 않고 그냥 시간만 보낸다는 의미로 쓰이는 말이다. 돈도 생각 없이 쓰기만 하면 이런 결과가 나올 것이다. 무엇이 생산적인 소비인지는 개인에 따라 다를 것이다. 자신의 성장을 위해서 사용하는 소비가 생산적인 소비이다. 책을 구입해서 읽는 것은 매우 생산적인 소비이다. 만 원을 약간 넘는 비용을 지불하고 책을 읽은 후에 조금이라도 삶이 바뀌었다면 이것은 만 원 이상의 효과를 본 것이다. 같은 책을 읽었더라도 실천하고 실천하지 않고는 개인의 차이지만 무엇인가 원했던 것을 얻었거나 변화를 있었다면 생산적인 소비라고 할 수 있다.

다소 불편했던 사이였는데 식사를 대접하거나 차를 대접하면서 관계가 회복되었다면 이 역시 생산적인 소비이다. 지치고 우울했는데 비용을 들여 여행을 다녀왔더니 에너지가 생기고 새로운 일에 도전할 용기를 얻었다면 어마어마한 생산적인 소비이다. 이렇듯 생산적인 소비란 개인의 가치관에 따라 개인의 상황에 따라 모두 다르다.

생산적인 소비를 하기 위해서는 늘 내 자신과 대화해야 한다.

POINT

- 나에게 생산적인 소비는 무엇인가?
- 우리 가정을 위해 생산적인 소비는 무엇인가?
- 목표를 이루기 위해서는 어떠한 소비를 해야 하는가?

자신이 좋은 소비라고 확신한다면 망설일 이유가 없다. 왜냐하면 더 큰 무엇인가를 얻을 수 있을 테니 말이다.

단순한 삶이 돈을 모으게 한다

현대인의 삶은 너무나 복잡하다. 세상은 하루가 다르게 새롭게 변하고 눈만 뜨면 신기술이 나와서 나만 뒤처지는 듯한 느낌을 받기도 한다. 새로운 지식과 정보를 받아들이고 소화하기에도 정신없이 바쁘다. 그럴수록 모든 것을 다 하려고 애쓰기보다는 선택과 집중을 잘해서 몰입 해야 무엇인가를 이룰 수 있다.

SNS에서 자유로워지기

우리는 카페, 블로그, 인스타그램, 트위터, 페이스북, 유튜브 등 SNS 홍수의 시대에 살고 있다. 앞으로 더하면 더했지 줄어들지는 않을 것이다. 오프라인 모임보다 온라인 모임이 더 활성화되는 시대이기도 하다.

단체 카톡방은 어떠한가? 한 시간 정도 다른 일에 집중하느라 휴대폰을 안 보고 있으면 수백 개의 카톡이 쌓여있다. 카톡의 특성상 바로바로 답을 주고받아야 현장감 있게 의사소통을 할 수 있다. 한참 동안 구성원들 간에 대화가 이어지고 마무리되었는데 내가 끼어들어서 뭐라고 말하기는 매우 어색한 분위기이다. 동시다발적으로 공간을 초월하여 여러 사람이 대화한다는 것을 상상도 못했다. 하지만 현재는 너무나 자연스러운 풍경이다.

시대의 흐름에 역행할 수는 없지만 SNS나 단체 카톡방에 일일이 대응하다 보면 내 일을 할 수가 없다. 나도 처음에 블로그를 시작하면서 몰라서 배우기도 하고, 1일 1포스팅을 해야 한다고 해서 정말 열심히 한 적이 있었다. 새벽에 일어나 컴퓨터 앞에서 포스팅할 글을 작성했는데, 가능하면 내가 찍은 사진 10장 정도는 삽입하여 배열하고 수정하는 과정을 거치면 약 2시간 정도는 소요된다. 저녁에 자기 전에는 포스트에 달린 댓글에 댓글을 달아주고 또 그 이웃의 블로그에 가서 또 댓글을 써준다. 이렇게 하면 또 2시간이 훌쩍 지나간다. 밤에 가족들과 이야기할 시간도 없고 컴퓨터 앞에 앉아있는 시간이 너무 많았다. 여행을 가더라도 1일 1포스팅을 지키느라 노트북을 매번 들고 다니면서 짬짬이 포스팅을 하곤 했다. 맛집에 가면 일단 식당 사진부터 찍어야 하고, 음식이 나오면 반드시 먹기 전에 예쁜 모습을 사진기에 담아야 했다. 한 번은 남편이 무척 배가 고팠는데 내가 사진 찍느라 계속 시간을 끄니 워낙 화를 안 내는 사람인데도 인상을 쓰며 짜증을 낸 적이 있었다. 강의장에 가더라도 집중해서 강의를 듣고 기록하고 싶은데 중간에 계속 사진을 찍어야 포스팅을 할 수 있었다. 여행을 가더라도 사진 찍는 것에 집중하느라 마음껏 대화를 나누지 못했고 순간순간의 경치를 즐기는 것에 흠뻑 빠지지 못했던 것 같다.

물론 이런 것을 전혀 부담스러워하지 않고 사진을 찍으면서 동시에 즐기는 사람들도 많다. 어쩌면 그들이 진정한 파워블로거인지도 모르겠다. 하지만 적어도 나는 아니었다. 나는 한 가지 일에 집중하면 다른 일을 잘 못하고, 동시에 두 가지를 하려면 힘들어하는 사람이다. 처음 6개월 정도는 블로그에 집중하다가 요즘은 그저 편안한 마음으로 하고 있다. 나의 생각을 글로 쓴 것을 주로 올리고 일주일에 2~3개 정도의 포스팅을 하면서 천천히 나만의 속도로, 나만의 스타일로 하고 있다.

사실 페이스북을 시작했을 때도 마찬가지였다. 페북은 스마트폰에서 간단히 올릴 수 있고 아무 때나 순간순간의 상황을 올린다고 생각해서 블로그보다 훨씬 시간을 덜 쓸 것 같아 시작했다. 그런데 페북도 블로그와 비슷한 부분이 많았다. 페북 친구가 나의 글에 댓글을 달면 일일이 답변을 해주어야 하고, 그 사람의 페북 계정에 가서 나도 댓글을 달아주는 것이 일반적인 상황이었다. 여기에 단체 카톡방에 올라오는 대화까지 함께 참여하자면 나의 하루가 너무나 부족하게 느껴졌다.

대부분의 사람들이 회사에서 업무를 하거나 아이를 키우면서 살림을 하는데 이 모든 것을 잘 해내는 사람들이 신기할 뿐이다. 자신의 스타일에 맞게 삶을 단순화해야 한다고 생각한다. 나의 삶에서 우선순위가 무엇일까를 생각하며 내가 살아가고자 하는 삶의 방향으로 가면서 이러한 것들은 부수적으로 해야 한다. 다른 사람들은 잘하고 있을 것이다. 이러한 경험들을 통해 현 시대의 트렌드를 간과하지 않으면서 나에게 맞는, 나만의 방식은 무엇일까 많이 생각해보기도 했다. 그리고 나의 스타일은 일이나 상황을 다소 단순화할 때 더욱 명확해지고 좀 더 효율성이 높아진다는 것을 깨달았다. 돈 관리를 잘하는 것도 마찬가지라고 생각한다. 전반적으로 단순 명료한 것을 좋아하는 사람들이 돈 관리에 있어서도 명확하다. 너무 많이 또 넓게 퍼트려져 있으면 돈 관리도 그만큼 정신이 없다. 수입을 모으고 지출통장을 분리하여 한눈에 돈이 들어오고 나가는 것이 보여야 돈 관리를 잘할 수 있다.

집안 정리

우리는 주로 이사를 할 경우에 집을 정리한다. 그렇게 짐 정리를 하다 보면 정말 창고에 안 쓰는 물건들이 너무 많다는 것을 깨닫는다. 어쩔 때는 이런 물건이 집에 있는지도 모르고 또 구입한 경우도 있다. 기본적으로 필요한 여름 물놀이 용품, 선풍기, 겨울 운동 용품, 여행용 가방 등을 제외하고는 창고에 짐이 많으면 안 될 것 같다. 보관하느라 공간만 많이 차지하고 사실 사용빈도 수는 거의 없는 것들이 허다하다. 그래서 나는 가능한 한 계절마다 집안에 있는 물건들을 정리하는 시간을 꼭 가지려고 한다. 자꾸 정리하다 보면 집에 어떤 물건들이 있고, 어디에 있는지 알게 되어 필요할 때 잘 사용할 수 있고 또 꼭 필요하다고 생각하지 않으면 덜 사게 된다. 그래서 지출이 자연스럽게 줄어든다.

부엌살림을 보아도 필요 이상으로 매우 많은 것을 가지고 있다. 예전에는 집에 사람들을 불러서 식사를 함께하는 일이 많았다. 집들이를 할 때도 집에서 직접 준비했고, 부모님 생신 때도 집에서 식사를 하는 경우가 많았다. 하지만 요즘에는 집들이 때도 밖에서 식사를 하고 집에서는 간단히 차를 마시는 경우가 많다. 부모님 생신이나 가족 모임 때도 대부분 밖에서 모여서 식사하고 차를 마신다. 그러니 예전처럼 많은 그릇과 주방기구들이 필요 없는 세상이 되었다. 물론 가끔은 집에서 손님들을 모시고 식사대접을 하고 싶을 때가 있다. 그렇다 하더라도 주방 서랍을 열어보면 불필요한 물건들이 얼마나 많은지 모른다. 결혼하고 10년 동안은 요거트 만드는 기계, 팥빙수 만드는 기계, 팝콘 튀기는 기계, 생선 굽는 그릴, 고구마 굽는 직화냄비, 대형 전기 프라이팬 등이 모두 필요할 것 같아서 다른 집에 가서 보거나 엄마들과 이야기하다가 좋다고 하면 하나씩 구입했다. 현재는 대부분 사용하지 않고 있다. 버리자니 아깝고 집에 보관하자니 공간을 많이 차지해서 싫다. 그래서 요즘에는 사는 것을 자제한다. 사실 별로 사고 싶은 마음도 들지 않는다. 새로운 아이템을 봐도 한두 번은 잘 사용하겠지만 계속 사용하지 않을 것을 알기에 사야겠다는 생각을 안 하게 된다.

옷장 정리도 마찬가지이다. 옷을 많이 가지고 있는 사람이 멋쟁이가 아니라 적은 수의 옷으로도 센스 있게 코디하는 사람이 진짜 멋쟁이다. 가능하다면 옷을 사러 가기 전에 옷장을 한 번 정리하고 간다. 제일 좋은 방법은 옷장에 있는 모두 꺼낸 다음, 종류별로 다시 옷장에 정리하는 것이다. 이러한 과정에서 내가 이번 계절에 입을 옷이 어떤 것들이 있는지 잘 알게 되고 여기에 더 필요한 것이 무엇인지를 생각하고 쇼핑을 하게 된다. 새로운 옷을 살 때도 나에게 어울릴 것인가와 집에 있는 어떤 옷과 매치를 해서 입을지를 생각하고 구입하는 것이 좋다. 단지 싸게 팔아서 또는 예뻐서 구입을 하면 나중에 이 옷에 받쳐 입을 옷을 또 사야 하는 불상사가 발생하기도 한다. 계절마다 옷장을 정리하면서 지난 계절에 안 입은 것은 바로 재활용함에 넣는다. 작년에 안 입은 옷을 내년에 입을 가능성이 거의 없다. 요즘에는 비싼 옷보다 그 시즌에 유행하는 옷을 한두 개 사서 입고 옷장을 여유롭게 유지하려고 한다. 옷장을 자주 정리하다 보면 나의 소비 습관도 알게 되고 새로운 옷을 살 때 더 신중하게 된다. 또 충동구매도 훨씬 덜 하게 된다.

**중고 가격을 알면
새롭게 사는 것에
신중하게 된다**

한 지인이 230만 원에 구입한 명품가방을 3년 정도 사용하고 중고명품을 사고파는 곳에 갔다. 개런티 카드도 있었고, 더스트백에도 넣어서 완벽하게 했기 때문에 좋은 값을 받을 수 있을 것이라고 생각했다고 한다. 적어도 구입한 가격의 30퍼센트는 받을 것이라 기대하고 약 69만 원의 현금을 받으면 팔고 오리라 마음먹었다. 그런데 가게에 들어가서 직원과 상담을 했더니 위탁매입을 하면 수수료를 제하고 35만 원 정도 받을 수 있고 현 시점에서 매입을 하면 20만 원의 현금을 준다고 하여 다시 가방을 가지고 집으로 왔다고 한다. 구입할 당시에는 200만 원이 넘는 제품이었는데, 3년 정도 지난 시점에서는 10분의 1 가격도 되지 않는 것이었다.

명품가방뿐만 아니라 대부분의 소비재 물건들이 다 이런 식이다. 살 때는 적지 않은 금액을 지불하지만 사고 난 바로 이후부터 가격은 비교할 수 없을 정도로 떨어진다. 이러니 무엇인가를 구입할 때는 좀 더 신중함이 필요하다. 어떤 물건을 구입하기 전에는 그 물건이 매우 좋아 보이지만, 사실 내 것이 되는 순간 2~3일이 지나고 나면 무덤덤해지는 경우가 많다. 이런 경험을 여러 번 하고, 이러한 사실을 인식하고 나니 구입하려는 마음이 생기다가도 나 자신에게 다시 한 번 물어본다. 정말로 꼭 필요한 것인가? 많이 소유하는 것이 중요한 것이 아니라 꼭 필요하다고 생각하는 것을 소유하는 단순함의 지혜가 우리의 지갑을 두껍게 만든다.

사람 관계

만나면 신이 나고 나의 에너지가 올라가는 사람들이 있다. 또 어떤 사람들은 만나고 나면 왠지 기분이 가라앉고 우울해진다. 그런데 이상하게 어쩌다 그러는 것이 아니고 대체로 그 사람을 만나면 매번 느끼는 감정이다. 아마도 부정적인 이야기를 많이 하는 사람과 오래 있으면 나도 모르게 기분이 다운되는 것 같다. 항상 밝고 즐거울 수는 없지만 어려운 가운데서도 감사함을 찾고 긍정의 끈을 잡으려고 하는 사람들은 서로에게 에너지를 모아 준다.

나는 사람 만나는 것을 좋아한다. 사실 무엇을 먹는가보다는 어떤 이야기를 하는지에 더 집중하게 된다. 그래서 나는 커피값이 아깝지가 않다. 커피값이 너무 비싸다고 카페에 가는 것을 꺼려하는 사람들도 있다. 하지만 나는 한 사람당 커피값 5000원을 지불하지만 그 카페에서 서로 나누는 대화나 교감은 5000원으로 살 수 없는 더 큰 가치가 있다고 생각한다.

그런데 너무 많은 사람들이 모이는 곳이나 형식적인 정기모임은 어느 정도 참석하다가 구별하게 된다. 모임의 회비는 얼마 되지 않지만 그 시간에 보람을 느끼지 못하면 다음 번 모임에 참석을 해야 할지, 말아야 할지를 고민하게 된다. 요즘은 온라인으로 활동하다가 오프라인으로 모이는 경우가 참 많아졌다. 공통의 관심사를 가졌다는 이유로 성별과 나이, 지역을 불문하고 모이는 자리들이 많다. 너무 많은 모임에 소속되어 있으면 집중력이 떨어질 수 있다.

가끔은 자신과의 대화를 할 수 있는 여유가 필요하다고 생각한다. 때론 군중 속에 있으면서도 외로움을 느낀다. 많은 사람과의 교제든 한정된 사람과의 교제든, 우선되어야 할 것은 나 자신의 내면을 알아차리는 것이다. 정신없이 바쁘게 다양한 관계를 가지면서 시간과 돈을 소비하는 것보다는 조금은 절제된 관계를 형성하며 서로에게 에너지를 공급하는 만남이라면 더 좋겠다. 서로를 성장시킬 수 있는 모임은 경제적인 이유뿐만 아니라 정서적인 면에서도 중요하다.

05 실행력도 습관이다

요즘에야 모두 스마트폰으로 내비게이션을 사용하고 있지만 15년 전 내가 미국 서부를 여행할 당시만 해도 내비게이션이 없었다. 그래서 지도를 읽으면서 운전을 하거나 여행할 지역들을 야후에서 찾아서 종이로 프린트하여 도시와 도시를 이동했다. 영국 런던대학의 매과이어 교수는 런던 택시 기사들의 뇌를 연구 조사한 바있다. 내비게이션이 없는 시절, 영국에서는 런던의 복잡한 거리를 모두 외워야 택시면허증을 주었다고 한다. 그 당시 매과이어 교수가 그들의 뇌를 찍어서 살펴보았더니 '해마'가 다른 사람보다 활성화되어 있었다. 즉 '인간의 뇌세포도 근육처럼 사용하면 사용할수록 더 발달한다'는 것이다.

이렇듯 우리의 뇌는 사용하면 사용할수록 더 활발하게 움직이고 더 발달된다. 우리가 어떤 일을 하고자 마음먹고 방법을 찾으면 처음에는 시간도 많이 걸리고 아이디어가 잘 떠오르지 않는다. 그런데 한 가지 방안을 생각해내면 두 번째 방안이 떠오르고, 세 번째 방안이 또 떠오른다. 첫 번째 것을 실행하다 보면 예상치 않은 문제들과 만나게 되고 그 문제를 해결하려면 또 고민하고 방법 찾아야만 한다. 이렇게 훈련된 사람은 어려운 상황에 처하더라도 해결해나가는 방법을 찾으면서 성장한다.

우리의 뇌가 이렇듯이 우리의 삶도, 우리의 일도 같다고 생각한다. 재테크에 있어서도 나와 상관없는 일이라고 생각하는 사람들은 끝까지 어떻게 재산을 불려야 할지 아이디어가 전혀 없다. 하지만 20대 첫 월급을 받을 때부터 재테크에 관한 뉴스를 귀담아 듣거나 기사를 읽고 강의를 찾아서 다니면 재테크에 관한 뇌가 더 발달할 수밖에 없다. 어떠한 일을 시도조차 하지 않는 사람들은 항상 제자리걸음일 수밖에 없다. 절대로 한 단계 앞으로 나아갈 수 없다. 그런데 이러한 방법들은 누가 가르쳐서 되는 것이 아니다. 무조건 자신이 끊임없이 고민하고 시도하며 경험해봐야만 조금씩 원하는 목표지점에 다가갈 수 있게 된다.

모두가 내가 원하는 일을 찾고 싶고, 또 잘하고 싶은 마음은 똑같다. 하지만 시간이 없어서, 바빠서, 귀찮아서, 지금은 힘들어서 등등의 이유를 대고 미루고 또 미룬다. 그러면 어떠한 것도 시작할 수 없다. 시작이 반이다. 일단 시작을 하면 우리의 뇌가 움직이고, 우리의 손이 움직이며, 우리의 몸이 움직인다. '하나를 보면 열을 안다'라는 속담이 있다. 한 가지를 시도하면서 조금이라도 이루어 본 경험이 있으면, 이 사람은 두 번째를 시작할 에너지가 있는 사람이다. 처음에 펀드로 작은 이익을 얻거나 소액으로 소형평수의 아파트로 이익을 본 사람들은 신기하고 재미있어서 또 하고 싶어진다. 처음으로 실행한 사람들은 두 번째, 세 번째 실행이 두렵지 않다. 그런데 한 번도 실행하지 않는 사람들은 아무것도 배울 수가 없다. 실행력도 습관이다.

육아를 위해 하던 일을 그만두고 전업맘으로 생활하는 분이 있었다. 그런데 이분은 사진 찍는 것을 아주 좋아하고 또 잘하기도 했다. 아이를 키우는 엄마로서 처음에는 아는 이들의 아이 돌잔치에 가서 무료로 사진을 찍어주기 시작했다. 그런데 이것이 점차 알려지면서 여기저기서 돌잔치 때 사진을 찍어달라는 요청이 들어왔다. 처음에야 취미 삼아 한 번, 두 번 찍기 시작했지만 나중에는 비용을 받고 사진을 찍어주게 되었다. 처음부터 돈을 벌겠다고 시작한 일은 아니다. 하지만 자신이 잘하고 또 좋아하는 일을 시도해보니 이것이 의미 있는 일로 변화되면서 경제적인 이익까지 가져올 수 있었다.

전에 살았던 아파트의 이웃 분은 꽃꽂이를 좋아했다. 일주일에 한 번씩 문화센터에서 배우기도 하고 꽃에 대한 관심과 열정이 남달랐다. 이분은 동네 아이들의 졸업식 시즌이 되면 거의 꽃의 재료비만 받고 아주 정성 들여 예쁘게 꽃을 만들어 주었다. 이것이 주변에 알려지기 시작하면서 점차 꽃 주문이 들어오게 되었다. 지금은 가정에서 주문받은 꽃들을 만들어서 돈을 벌고 있지만 아이들이 좀 더 크면 작은 꽃가게를 운영할 꿈을 가지고 있다. 이렇듯 작은 실행이 놀라운 결과로 이어진다.

일단 무엇이라도 아주 작게 시작하면 그 끝은 우리의 상상 이상임을 잊지 말자. 처음에 주식을 시작할 때도 두렵고 걱정스럽다. 하지만 아주 적은 금액으로 시작해보면 점차 방법을 알게 되고, 조금씩 자신만의 데이터와 생각이 정리된다. 물론 전문가들의 조언을 듣는다고 하지만 돈에 관계된 일은 스스로 확신을 가지고 행동해야 나중에도 원망하거나 후회하지 않는다. 나 역시 몇 년 전에 작은 금액으로 주식을 해보고, 최근에도 주식을 했다. 처음에는 적은 금액으로 시작한 것이었는데 시간이 가면서 점차 금액이 커졌다. 중간에 원금손실의 가격이 되어서 팔지 못하고 계속 가지고 있다가 긴 기다림 끝에 약간의 수익을 얻고 모두 정리했다. 아무것도 하지 않으면 아무런 일도 일어나지 않는다. 일단 시작하면 경험을 통해서 배우게 되고 시간적으로 여유를 가지면 원하는 수익도 얻을 수 있다. 실행만이 배움과 성장 그리고 결과물을 만날 수 있다.

금융상품을 가입하려고 해도 처음에는 어떤 상품을 가입해야 하는지 결정하기가 어렵다. 은행에 가면 정말 다양하게 상품을 설명해 준다. 모든 설명을 여러 곳에서 들어보고 자신에게 잘 맞는다고 생각하는 상품을 6개월 정도 가입해보라고 하고 싶다. 보통은 1년, 3년 단위가 많지만 6개월 단위로 갱신되는 상품들도 있다. 일단 한 가지를 가입하고 만기가 되어 약간이라도 이익을 보면 더 좋은 상품을 또 찾으려고 노력한다.

부동산도 마찬가지이다. 처음에 매수를 하기가 매우 두렵고 걱정스런 부분이 많다. 그런데 일단 한 채를 매수해보고 매도의 경험을 하고 나면 두 번째는 훨씬 수월하고 세 번째, 네 번째는 두려움이나 걱정이 줄어든다. 사실 처음에 어느 지역에 무엇을 구입해야 할지 막연하기만 하다. 자신이 잘 아는 지역부터 알아보고 제일 중요한 것은 자신의 예산을 제대로 파악하는 것이다. 절대로 무리한 것을 시도하면 안 되고 아주 작은 것부터 리스크가 크지 않은 것을 시도해보라고 이야기하고 싶다. 작더라도 이익이 나는 것을 경험하면 관심을 가지게 되고 더 열심히 알아보게 된다. 요즘에는 관심만 있으면 인터넷을 활용하여 다양한 정보를 모을 수 있고, 네이버나 다음에 있는 재테크 카페를 통해서 언제, 어떤 부동산 강의가 열리는지 알 수 있다. 자꾸 정보를 찾아서 읽고, 듣다 보면 자신에게 맞는 지역과 물건을 보는 힘이 생긴다. 어느 누구도 그냥 알려줄 수가 없다. 너무도 다양한 부동산이 있고, 조건들이 모두 다르기 때문에 결국은 자신이 확신이 서는 것을 할 수밖에 없다. 그렇게 확신을 가지고 결정하기 위해서는 스스로 공부하는 것이 제일 좋은 방법이다. 그렇게 하나를 시작했을 때 두 번째, 세 번째를 할 수 있는 힘도 생기게 된다.

이 세상의 모든 일들은 시작이 반이다. 용기를 내어 작은 투자라도 시작하여 나만의 노하우를 쌓아 보자. 나는 가능한 한 젊어서부터 관심을 가지고 꼭 해보라고 권하고 싶다. 똑똑한 돈 관리를 통해 월급을 모으고 그렇게 모은 돈을 더 똑똑하게 불리는 방법을 스스로 찾아야 할 것이다.

10년 전에 재무 관리하는 분의 상담을 받은 적이 있다. 결론적으로 말하자면 지금은 후회한다. 당시 우리 부부는 그분을 전문가라고 생각하고 상세하게 상담을 받고 그분이 권하는 변액보험 상품과 다른 상품을 가입했다. 그러나 얼마 지나지 않아 모두 해약했고 지금은 나의 방식대로 다시 설계해서 관리하고 있다. 물론 상담할 당시에는 모두 각자의 상황에 맞는 목돈 만들기와 돈 관리 방법을 제안하지만 몇 년이 지난 후에 봤을 때는 전혀 수익이 나지 않는 상품들이었다. 이렇듯 재산 관리에서 가장 중요한 것은 '자신이 공부하고 판단하는 것'이다.

그래서 재테크는 누구의 말을 들어서 하는 것이 아니라 스스로 시작해야 한다. 무엇이든지 일단 1000만 원으로 2000만 원을 만드는 자신만의 방법을 찾아야 한다. 우리는 손실을 볼 때는 최소한으로, 이익이 날 때는 원하는 만큼의 수익률을 얻기를 원한다. 그러나 손해 보는 것이 두려워 시작하지 못하면 결국은 할 수 있는 일이 거의 없다. 재테크에 있어 시작은 반이 아니라 전부일지도 모른다. 한번 재테크를 시작한 사람들은 그 방법은 바꿀지라도 돈을 불리고 관리하는 데 꾸준히 관심을 갖고 행동하게 되기 때문이다.

금수저, 은수저, 흙수저 얘기가 나온 지도 벌써 오래전이다. 부동산은 지칠 줄 모르며 오르고, 실업률은 높고, 청년들은 대학 졸업 후 일자리가 없어서 장기간 취준생의 삶을 살고 있다. 그럼에도 불구하고 나는 상위 20%는 끊임없이 고민하며 시행착오를 거쳐 재테크에 성공하고,

하위 20%는 더욱 어려운 삶을 살 것이며, 60%는 현상을 유지하는 삶을 살 것이라고 생각한다.

어느 시대나 힘들지 않은 시대는 없었다. 우리의 부모님은 교육도 제대로 받지 못하고 더욱더 힘겨운 삶을 살아내었다. 나의 부모님도 고등교육을 못 받으셨지만 우리 5형제는 모두 공부를 시켜야 한다며 시골에서 서울로 이사 오셔서 힘겹게 우리 5형제 모두를 대학교육까지 뒷바라지하셨다.

내가 결혼해서 우리 부부가 맞벌이하며 돈을 모으던 시기, 특히 2008년 이후 7~8년 동안 부동산은 거의 바닥이었다. 그 당시에는 일반적으로 이제 부동산 시장은 끝났고 부동산으로 자산증식을 할 수 있는 건 우리 부모님 세대가 끝이라고 생각했다. 그럼에도 불구하고 부동산을 공부하고, 재테크에 시간과 정성을 쏟았던 사람들은 자산증식을 이루었다고 말한다.

어렵고 힘든 흙수저의 삶에서 벗어날 수 있는 재테크 방법은 분명 있다. 남이 하지 못하는 나만의 아이디어와 고민이 필요하다. 온라인으로 돈을 벌 수 있는 세상이 열려있다. 방법을 공부하고, 고민하고, 시도하고, 끊임없이 노력한다면 분명 자신만의 길이 열릴 것이다. 그렇게 조금씩 돈이 모인다면 나는 아주 작은 부동산으로 갈아타라고 말하고 싶다. 부동산이 무조건 계속 오르지는 않는다. 분명 포물선을 그린다. 하지만 10년 전의 가격과 지금의 가격을 비교해보면 내려간 곳은 단 한 곳도 없다. 2020년의 가격과 2030년의 가격을 비교했을 때도 2030년이 더 높을 것이라고 확신한다.

얼마 전 재테크에 관한 세미나에 참석했을 때, 20대와 30대가 많은 것을 보고 깜짝 놀랐다. 돈을 어느 정도 모은 중년이나 재테크를 한다는 생각은 더 이상 통하지 않는 시대이다. 오히려 데이터 활용을 더 잘하는, 정보를 더 잘 수집하는 젊은 층들에게 더 많은 기회가 열린 시대라고 해도 과언이 아니다. 재테크는 일상이라는 생각이 요즘 들어 더 많이 든다. 달러가 큰 폭으로 오르고 내리는 것을 보면서, 주가가 널뛰기하는 것을 보면서, 부동산 시장의 풍선효과와 분양시장의 열기를 보면서, 6억 이하의 아파트까지 상승선을 타는 뉴스를 접하면서 이제는 정말 재테크가 우리 삶의 일부라는 생각이 절로 든다.

우리는 늘 변화 속에 살아가고 있다. 부동산 시장도 매일매일 변화하고 있다. 극단적으로 과장한다면 어제까지 잘 되던 가게가 오늘부터는 손님이 없을 수도 있다. 그렇게 빠르게 변화하는 시대에 살아가고 있다. 코로나19 이후에 살아남을 업종이 무엇일지 먼저 고민하고 시장을 선점하는 사람이 이기는 세상에 살게 될 것이다. 변화하고 있는 일상에서 먼저 시도하여 매출을 극대화시킨 예로 한 베이커리 카페가 생각난다.

최근에 서울 인근에 있는 베이커리 카페에 갔는데 주문하는 사람이 많아서 줄까지 서야 했다. 코로나로 인해 좁은 공간보다는 넓은 공간을 선호하고, 이왕이면 자연과 함께하는 공간을 더욱 선호한다. 나 역시 같은 마음에서 그 넓은 베이커리 카페를 갔는데, 장사가 잘되어도 너무 잘되었다. 코로나로 장사가 안 된다고 모두가 힘들어하고 임대료를 내려주는 착한 건물주라는 말이 생길 정도로 장사가 어려운 상황인데도 이 카페는 줄을 서서 주문해야 했다. 자연과 함께하는 넓은 공간과 인스타스러운 인테리어 덕분이었다. 사진을 찍어서 SNS에 올리기에 아주 좋았다는 것이다. 요즘은 매출을 올리려면 인스타스러워야 한다. 이렇게 변화를 선점하는 사람이 앞으로도 자산증식에서 앞서갈 것이다.

나는 금수저의 삶이 부럽지는 않다. 흙수저로 태어나서 조금씩 우상향하는 삶에 박수를 보내고 싶다. 처음부터 금수저인 삶에는 감사함보다는 당연하다 여기는 자만심이 많은 것 같다. 그리고 그 자산이 오래 이어지는 것 같지도 않다. 흙수저에서 은수저, 은수저에서 금수저로 성장하면서 성취감도 얻고, 변화되는 삶을 자식에게 보여주는 것 자체가 자녀교육이라고도 생각한다. 부모가 성실히 최선을 다해서 살아가는 모습을 볼 때 자녀들은 자연스럽게 어깨너머 그 삶을 닮아간다. 나 또한 우리 부모님의 삶을 보고 자랐고, 나의 자녀 또한 우리 부부의 삶을 보고 자랐다고 믿는다. 흙수저라고 실망하지 말자. 겸허히 받아들이자. 오히려 감사하자. 은수저, 금수저로 우상향할 수 있는 기회가 주어진 거니까.

주말은 최고의 기회

결혼 전에는 주말에 주로 쉬거나 친구들 만나거나 데이트 하느라 바빴다. 결혼을 한 이후에는 주일에 교회에 가고, 친구들 결혼식, 양가 집안의 행사들에 참석하거나 가끔 친구 부부들과 여행하면서 시간을 보냈다. 아이가 태어난 이후에는 육아에 대부분의 시간을 할애했다.

아이를 키울 때는 쉬는 날이면 아이가 체험할 수 있는 곳 위주로 많이 다닐 수밖에 없다. 공원이나 계곡, 박물관 등에서 보고 만지고 노는데 많은 시간과 에너지를 쏟았다. 그래서 아이를 키우는 동안은 주말이라도 부동산 재테크에 시간을 쓰는 것이 쉽지 않다. 하지만 싱글이거나 신혼부부라면 주말에 동네부터 시작해서 부동산에 관심을 가지라고 말하고 싶다. 쉬고 싶은 주말이지만 주말을 어떻게 보내느냐에 따라 돈이 모이는 속도가 달라진다.

처음에는 자본이 없으니 좋은 물건을 보더라도 살 수가 없어서 주말에 부동산을 보러 다니는 것이 재미가 없을 것이다. 2~3년 전만 해도 1000만 원, 2000만 원의 투자금액으로 경기도나 지방의 소형 평수 아파트에 투자할 수 있었는데 현재는 통하지 않는 방법이다. 경매를 이용해서 낙찰받은 사람들은 경락대출을 이용해서 월세를 놓고 그 수입으로 대출이자를 내고도 약간의 이익을 내기도 하였는데 요즘은 이마저도 쉽지 않다. 예전에는 경기도의 소형 평수 아파트 매매가격이 2억이면 경매로 낙찰을 받고 약 80퍼센트의 1억 6000만 원을 대출받는다. 그리고 보증금 2000만 원에 50만 원의 월세로 세를 놓는다. 그러면 내 돈은 2000만 원만 들어가는 것이다. 50만 원의 월세에서 이자를 내고 10만 원에서 20만 원의 이익을 내는 방법으로 아파트 숫자를 늘리면서 월세 수입을 늘리는 투자자들이 많았다. 금리가 낮고 대출 규제가 적고 부동산이 오르는 시장에서는 이러한 방법이 통했지만 현재는 그런 시장이 아니다. 하지만 알고는 있어야 한다. 부동산 시장은 늘 움직인다. 다양한 방법을 알고 있으면서 시대의 흐름에 맞게 가장 적절한 방법으로 재테크할 수 있도록 준비해야 한다.

이런 식으로 관심을 가지고 방법을 찾으면 다양한 방법이 있다. 인터넷을 통해서 기본 정보들을 많이 수집하고 토요일이면 그 지역의 부동산 사무실을 방문해서 현재의 시장 분위기도 느껴보고 자신의 생각과 어떠한 차이가 있는지 비교해보는 것도 좋다. 아무 곳이나 보러 다니기에는 막연할 테니, 현재의 시점에서 5년 후의 우리의 미래를 계획

해보고 5년 뒤 구입할 부동산에 대해서 1년마다 점검해보는 것이다. 가격추이가 어떻게 변하고 있는지, 비교하는 다른 지역과는 어떠한 차이가 나는지, 우리의 계획이 점점 더 가까워지는지 아니면 더 멀어지는지 비교해본다. 끊임없이 될 수 있는 방법을 찾는 것에 집중한다. 부부가 이런 일에 집중하고 계속해서 함께 다니다 보면 생각지도 않은 새로운 제안을 하기도 하고, 새로운 아이디어가 떠오르기도 한다. 어디에도 정답은 없고, 같은 방법도 없다. 각자의 삶에 가장 잘 맞는 방법을 찾는 것이 재테크의 정석이다. 주말에 어떻게 시간을 보내는가는 재테크에 많은 영향을 끼친다고 아무리 강조해도 지나치지 않다고 생각한다.

우리 부부는 아이가 어느 정도 성장한 이후에는 주말에 특별히 다른 일이 없으면 주로 부동산을 보러 다녔다. 지금 당장 내가 구입하지 않는다고 해도 자꾸 다니다 보면 집을 보는 눈도 달라진다. 처음에는 눈에 보이는 집의 내부가 깨끗하게 수리되어 있고 꾸며져 있으면 사고 싶은 집이라고 생각했는데 요즘에는 그것이 가장 나중에 고려하게 되는 부분임을 잘 알고 있다. 다음은 우리 부부가 주말에 부동산을 볼 때 중요하게 생각했던 요소들이다.

교통   전철역에서 아파트까지 얼마나 걸리는지, 전철도 하나의 노선만 오는지 더블 역세권인지, 트리플 역세권인지 살펴본다. 아파트 단지에서 500미터 이내이면 보통 초 역세권이라고 말한다. 이러한 초역세권의 아파트는 가격이 잘 떨어지지 않는다. 요즘은 맞벌이 부부가 많아서 교통이 좋은 곳은 꾸준히 상승하고 있다.

호재

앞으로 이 지역에 가격상승 요인이 있는지를 살펴본다. 서울시 같은 경우는 인터넷에서 '2030서울플랜' 또는 '2030서울도시기본계획'으로 검색하고 서울특별시 사이트에 접속하면 도시개발계획을 자세히 볼 수 있다. 2030플랜은 2010년의 기준에서 2030년을 목표로 개발한다는 의미이다. 이곳에서 보면 새로운 교통편이 어떻게 계획되어있고, 기존의 전철은 언제 어떻게 연장할 것인가에 대한 계획들이 나와있다. 이런 계획이 발표되면 주변 지역의 아파트나 주택, 상가의 가격이 오른다. 또한 새로운 기업들이 이전할 계획이 있는지 꼼꼼히 알아본다. 새로운 일자리가 늘어난다는 것은 부동산 수요가 많을 것임을 예견할 수 있는 선행지수이다.

학교

단지 내에 학교가 있는지, 없다면 가까운 학교와의 거리는 얼마인지, 학원가는 어디인지를 살펴본다. 초등학교가 단지 내에 있는 경우는 매우 유리하다. 일반적으로 1000세대가 넘는 지역은 단지 내에 학교가 함께 있다. 중학교, 고등학교보다는 초등학교를 끼고 있는 것이 좋다. 요즘 젊은 부부들은 아이가 유치원을 다니면 초등학교 학군을 보고 집을 알아보러 다닌다. 중학교는 조금 멀어도 걸어 다닐 수 있고, 고등학교는 버스를 타고 다녀도 엄마들이 괜찮다고 생각한다. 하지만 초등학교를 큰길을 건너야 한다면 초등학교 자녀를 둔 엄마들은 꺼려한다. 학교가 단지 바로 주변에 있으면 32평 수요가 꾸준히 있다. 20평대의 작은 평수도 거래가 잘되지만 아이들이 크면서 같은 단지에서 32평으로 이사를 가는 경우가 많다.

거래량　　　최근 들어 이 아파트가 거래가 활발히 되고 있는지, 아니면 주춤한지 실거래가 사이트를 통해서 알아본다. 최근에 활발하면 주로 매도자 우위의 시장이고 거래가 뜸하면 매수자 우위의 시장일 가능성이 높다. 거래가 활발할 때는 거래가 되면서 조금씩 가격이 올라간다. 팔려고 하는 사람이 주도적으로 가격 형성이 이루어진다. 하지만 거래가 빈번하지 않은데 꼭 팔고 싶은 주인이 있으면 가격이 하향 조정되면서 거래가 이루어진다. 내가 집을 팔 때와 살 때 시장 분위기가 어떠한지 살펴보고 거기에 맞추어 거래를 하는 것이 조금이라도 더 이익을 볼 수 있다.

편의시설

장을 보기가 편한지, 주변에 병원이나 은행들이 있는지를 살펴본다. 요즘은 인터넷으로 장을 보기도 하고, 은행 업무를 처리하기는 하지만 주변에 대형 영화관이 있고 쇼핑시설이 있으면 동시에 외식할 곳도 많기 때문에 많은 사람들이 선호한다. 편의시설이 잘되어 있는 곳은 젊은 부부들의 선호도가 높다.

과거 실거래가

이 아파트의 과거 실거래가를 살펴본다. 아파트의 경우는 동에 따라서 층에 따라서, 방향에 따라서 가격이 5000만 원 정도 차이가 있고 고액의 아파트는 1억 이상의 차이가 나는 경우도 있다. 그렇기 때문에 내가 사려고 하는 집이 급매라고 해도 사실은 그 조건이면 정상가격일 수도 있다. 2006년 이후로 실제로 거래된 가격이 모두 나와 있기 때문에 지금 사려는 가격이 어느 정도인지 짐작할 수 있고 비록 주관적인 생각이지만 앞으로 어느 정도 더 오를지도 예상해 매입할 수 있다.

시간적 여유를 갖고 거래를 할 것

급하게 거래를 하게 되면 내가 원하는 가격으로 팔거나 살 수 없다. 내가 살 경우에는 특히나 서두르지 않는 것이 유리하다. 날짜가 급하게 정해져 있으면 어쩔 수 없이 상황에 맞는 것을 계약해야 한다. 하지만 날짜가 여유가 있다면 내가 원하는 가격을 제시하고 기다리면 된다. 매도자가 급하면 내가 제시하는 조건을 들어줄 가능성이 많고, 그렇지 않다면 다른 물건을 사면 된다. 누가 더 여유롭게 하는가에 따라 가격이 달라질 수 있다. 만약에 집을 살 경우 내가 지금 바로 입주하지 않고 전세를 살고 있는 집을 산다면 일반적으로 매매가격이 정상 입주 물건보다 약간 저렴하다. 그런데 때에 따라서 매도자 우위시장일 경우에는 빠른 판단이 수익에 도움이 된다. 우물쭈물하고 망설이는 동안 이미 팔리고 다음번에 나오는 집은 가격이 올라버리는 것이다.

주말에 부동산을 보러 다니는 것이 매우 에너지를 소모하는 일임에는 틀림없다. 그런데 이렇게 꾸준히 보게 되면 나름대로의 판단력이 생긴다. 그리고 어떠한 아파트가 더 가격이 오르는지도 꾸준히 살펴보게 된다. 우리가 결혼한 이후로 지금까지 살펴보면 역세권의 아파트는 떨어질 때 덜 떨어지고 가격이 오를 때는 제일 먼저 올랐다. 당장 사지 않더라고 모의 주식을 하듯 모의로 아파트를 샀다고 생각하고 기록을 해둔다. 2~3년 뒤의 그 아파트 가격이 어떻게 변하는지 실거래가를 통해서 확인해보고 자신의 간접 경험을 기록하며 가격흐름을 정확히 파악하고 있으면 좋다.

그래서 우리는 요즘에도 주말에 여건이 되면 호재가 있는 지역을 중심으로 서울시내의 역세권 아파트를 보러 다닌다. 입주한 지 5년 안팎의 아파트는 가격이 높게 형성되어 있고, 주로 20년 전후의 낡은 아파트들은 새로운 아파트에 비해서 가격이 낮다. 하지만 아파트는 전체 내부 수리를 하면 개인이 생활하는 데는 불편하지 않고 역과 가까우면 출근 퇴근이 수월하고 생활하기 편하기 때문에 가격이 떨어지지 않을 것이다. 앞으로 계속 시간이 흘러서 재건축의 시기가 가까워지고, 재건축 이야기가 나오면 일단 가격이 오른다.

현재 나에게 충분한 투자금액이 없더라도 주말에 부동산을 보러 다니면 투자금액이 생겼을 때 자신 있게 판단을 할 수 있다. 그리고 돈을 모으는 데도 더 집중할 수가 있다. 우리 부부는 상가건물을 매수해서 노후에는 월세수입을 받을 생각을 하고 있다. 그래서 지금부터 시간이 될 때마다 상가건물을 보러 다니고 있다. 지금은 가격도 비싸 보이고 어떤 지역에 어떤 상가건물을 사야 할지 확신이 안 서지만 앞으로 얼마간 공부하면서 보러 다니면 분명 수익률과 우리 예산에 맞는 상가 건물을 찾을 것이라고 믿고 있다.

주말에 집에서 쉬고 싶고 편하게 보내고 싶은 마음도 있지만 돈 관리를 해야겠다고 생각한다면 몸을 움직여야 한다. 가만히 집에서 쉬면서 또는 내가 즐기고 싶은 것을 즐기면서 주말을 모두 보내면 10년 뒤의 나의 재산은 어떻게 되어 있을까를 생각해보자. 현재는 직업이 있고 매달 들어오는 수입이 있기 때문에 잘 생활할 수 있다. 그런데 지금 들어오는 수입의 대부분을 현재 지출하고 있다면 앞으로 10년 뒤에는 어떻게 될까? 아마도 지출 비용은 점점 더 많아질 것이다. 그리고 부동산의 가격도 10년 뒤에는 더 올라 있을 것이다. 현재 내가 거주하고 있는 집의 비용으로 어쩌면 더 줄여서 살아야 할지도 모른다. 그렇지 않으려면 주말에 조금씩 꾸준히 관심을 가지고 내가 살고 싶은 지역, 조금이라도 더 오를 수 있는 지역이 어디인지를 찾아보아야 한다.

　가끔 신문이나 잡지에 많이 오를 것이라고 광고하는 기사를 본다. 진짜로 많이 오르는 알짜배기 지역이고 물건이라면 그렇게 크게 광고하지 않을 것이다. 먼저 주변의 지인들이나 관심 있는 사람들이 그 물건을 살 것이다. 모두가 알 수 있는 정보는 더 이상 꿀정보가 아니다. 내가 관심을 갖고 돌아다니면서 공부하고 확신을 갖는 것이 중요하다. 이 과정을 꾸준히 즐기면서 하는 사람들이 결국 나중에는 돈 관리를 넘어서 자산 관리까지 잘하는 경우를 여러 번 보았다. 부동산 재테크에서도 부지런하고 긍정적인 사람들이 돈 관리와 돈 모으기에 탁월한 결과를 보여준다는 사실은 의심의 여지가 없다

Chapter 5

원하는 아파트를
매수하기 위한
생활습관

★ ★ ★ ★ ★ ★ ★ ★ ★ ★ ★ ★ ★

01

재테크 공부는 쉬지 말자

　　우리가 무엇인가에 대해서 알고 싶으면 그 분야에 관해 공부를 한다. 나는 졸업 후 프랑스 화학회사인 롱프랑코리아의 전산부서에서 근무했다. 전공이 전산이 아니었기 때문에 교육도 많이 받아야 했고 공부할 것도 쌓여 있었다. 결국 나는 대학원 과정을 다녔고, 그 과정을 통해 업무 능력을 키우고 인정받을 수 있었다.

　　영어에 관심이 많을 때는 영어 동아리에서 영어공부를 함께하고, 영어공부에 관한 책을 읽으며 외국인이 진행하는 영어 말하기 학원을 등록해서 다녔다. 보다 전문적으로 일하기 위해서 미국에 가 TESOL 과정도 마치고왔다. 영어를 가르칠 때도 교수법에 관한 책을 읽고, 다른 사람이 가르치는 것을 보고 배우며, 수업시간에 재미있고 효과적으로 사용할 수 있는 게임이나 활동에 관해서도 열심히 찾아 연구를 했다. 그러면서 노하우를 쌓고 현장에서 다양하게 활용하면서 나만의 방식을 더욱 탄탄하게 구축해갔다.

코칭을 배울 때도 마찬가지다. 나는 아이들이 좀 더 주도적이고 독립적으로 목표의식을 가지고 공부했으면 좋겠다고 생각했다. 그래서 학습코칭을 찾게 되었고 점차 코칭이 좋아져서 더 깊이 있게 공부를 하여 시험을 통과하여 전문 코치가 되었다. 그 당시 배운 코칭이 지금 공인중개사 일을 하는데도 많은 도움이 된다. 상대방이 하는 말의 의도가 무엇인지 잘 알아들으려고 노력하고, 좋은 질문을 고민하게 된다. 좋은 질문으로 상대방이 자신의 생각을 정리하고 후회하지 않는 결론을 내리는 데 전적으로 도움을 준다고 생각한다. 수많은 공인중개사라고 하더라고 다 같은 공인중개사가 아니다. 다른 사람과 구별되는 중개인이 되고 싶다. 진정으로 매수자와 매도자의 입장에서 함께 고민하며 서로가 윈윈 하는 결과를 만들어내고 싶다.

돈에 대해서도 마찬가지다. 부자들은 부자가 되어야겠다는 간절함이 있었던 사람들이다. 우리가 돈을 잘 관리하고 싶고, 돈을 잘 모으고 싶고, 자산도 늘리고 싶으면 돈에 관해 공부해야 한다. 부자들은 늘 돈에 대해서 생각하고 돈에 대해서 관심이 아주 많은 사람들이다. 요즘은 인터넷을 통해 알 수 있는 정보가 매우 많다. 검색엔진인 다음이나 네이버에서 '재테크', '직장인 재테크', '부동산 재테크'라고 검색하면 관련 카페들이 많다. 요즘은 경매에 관한 카페나 인터넷 사이트도 매우 많다. 유튜브 동영상 강의도 매우 많다. 재산을 늘리고 싶다고 해서 저절로 재산이 증식되지 않는다. 어떠한 방법으로 어떻게 관리해야 재산이 늘 것인가를 생각하며 공부를 해야 한다. 카페나 블로그 등 몇 군데를 자세하게 살펴본다. 거기에 올라오는 내용들이 대부분 현장에서 일어나는 이야기들이기 때문에 혼자서 공부하는 것보다 더 많은 정보를 알 수 있다. 카페에서 운영하는 교육 프로그램도 있고 카페를 통해서 알게 된 사람들과 오프라인 모임을 할 수도 있다.

내가 무엇인가를 자세히 알고 싶으면 그 무리 안에 들어가야 한다. 호랑이를 잡으려면 호랑이 굴에 들어가야 한다고 했다. 나도 책을 쓰는 것에 관심을 가지고 책을 출간하고 싶어서 글쓰기 모임에 들어가 그곳에서 많은 도움을 받았다. 혼자서 하면 하다가 지쳐서 포기하는 경우가 많겠지만 같은 목표의식을 가지고 있는 공동체와 함께하면 그곳에서 정보와 에너지를 나눌 수 있다. 나는 재테크에도 관심이 많아서 유료 정규 강의를 듣고 특강도 많이 찾아서 들었다. 이렇게 내 자신을 그 무리 안에 넣을 수 있어야 한다. 혼자 가는 길은 너무 지치고 끝까지 가기 어려울 수도 있다. 함께하는 과정에 나를 넣으면 공유할 수 있는 정보가 많아지고, 오래갈 수 있다는 장점이 있다. '혼자 가면 빨리 가고 함께 가면 멀리 간다'는 아프리카 속담이 생각난다.

또한 경제의 흐름을 읽을 수 있어야 한다. 나는 책상달력에 매일 코스피지수와 1달러에 해당하는 환율을 기록한다. 주가의 오르고 내림을 유심히 관찰하고 왜 오르는지 왜 내리는지에 대한 기사를 눈여겨 읽어본다. 처음에는 용어도 어렵고 잘 이해가 가지 않지만 계속 접하다 보면 조금씩 익숙해지기도 한다. 앞에서 언급한 환율차익도 마찬가지이다. 사실 미국 대선에서 트럼프가 대통령으로 당선된 것이 확실시되었던 2016년 11월 8일 12시쯤에는 환율이 순간적으로 고공행진했다. 그 이후로 여러 가지 경제적 불안정한 이유로 계속 오르다가 그 다음해 4월쯤에는 점차 예전의 1100원대 초로 내려오기도 했다. 이렇듯 환율도 포물선을 그린다. 어떤 사람들은 환율을 사고팔아서 이익을 내는 사람도 있다. 물론 아주 전문가들이나 할 것 같지만 실제로 외화 통장을 만들어놓고 환율이 떨어졌을 때 달러를 사는 사람들도 종종 볼 수 있다.

돈 관리나 재테크에 관한 책이 서점에 아주 많다. 도서관에서 대출하여 읽어도 좋고, 서점에 나와 있는 신간을 읽어도 좋다. 돈 관리를 잘하고, 재산도 늘리고 싶으면 10권, 20권, 30권 이상을 읽어야 한다. 통장 관리에 관한 지식부터 종잣돈 만들기, 주식에 관한 이야기, 펀드나 금융상품에 관한 이야기, 경매로 재테크한 이야기, 부동산을 통해서 자산을 증식한 이야기, 부자에 관한 이야기, 상가 투자로 돈을 번 이야기, 맞벌이 부부의 월급 관리에 관한 이야기 등 각계각층의 사람들이 돈을 어떻게 관리했고 어떻게 재산을 늘렸는지 자세하게 설명하고 있는 책들을 다양하게 읽어 보자. 그중에서 나에게 가장 관심 있는 부분을 집중적으로 읽고 공부하다 보면 또 다른 나만의 재테크 방식을 찾아낼 수 있다. 책을 통해서 배울 수 있는 것들은 기대 이상이다. 어느 영역에서나 책을 읽으면서 그쪽 분야의 지식을 쌓는 것은 가장 기본이면서도 가장 쉬운 일이고 가장 힘이 되는 일이다.

사람들과 만났을 때 주로 무슨 이야기를 하는가?

나 같은 경우는 아이를 키우는 엄마이기 때문에 그동안은 엄마들과의 모임이 많았다. 엄마들이 모이면 주로 남편이야기, 시댁이야기, 아이들 이야기, 드라마 이야기 등을 한다. 그런데 나는 그 모임들이 별로 재미가 없었다. 남편 이야기나 시댁 이야기는 좋은 이야기보다는 험담하는 이야기가 많고, 아이들 이야기는 주로 학습에 관한 것이기 때문에 알게 모르게 스트레스가 된다. 우리 아이에게 무엇인가를 더 시켜야 하는 것은 아닌가, 우리 아이가 부족한 것은 아닌가 하는 바람직하지 않은 생각들로 가득 차게 된다.

나는 모임에서도 더 건설적인 이야기를 하는 것을 좋아한다. 다른 사람에 관해 이야기하는 것보다 자신에 관한 이야기를 하는 것을 좋아한다. 자신의 삶에 대해서 생각하고, 자신의 미래에 대해서 고민해보며 서로가 서로의 미래를 위해 격려해주고 응원해주는 모임이 좋다. 여기에 경제에 관한 이야기나 재테크에 관한 이야기를 하면 더 신이 난다. 지식이 많아서라기보다는 그동안 관심을 가졌던 부분에 대해서 자연스럽게 의견을 나누면 이것이 또 다른 관심사를 불러일으킬 수 있다.

우리 집 조카들 몇 명은 벌써 성인이 되어 대학원을 다니고 직장을 다니고 결혼을 준비하기도 한다. 조카들을 만나서 밥을 먹을 때 이런 주제로 여러 번 이야기를 했었다. 돈 관리는 어떻게 하고 있는지, 어떤 계획을 가지고 있는지, 어떻게 공부하고 있는지 등의 이야기였다. 처음에는 많이들 낯설어한다. 어디서부터 어떻게 시작해야 할지를 난감해한다. 통장 관리가 가장 기본이고, 예산을 세워 지출할 것을 당부한다.

언제까지 종잣돈 얼마를 모을 것이며 모인 종잣돈으로 무엇을 할 것인지를 찾아보라고 한다. 사람마다 모두 생각이 다르고 성향이 다르다. 그렇기 때문에 돈을 관리하는 것은 크게 차이가 없지만 돈을 어떻게 늘릴 것인가에 대해서는 모두가 각자의 방법이 따로 있다. 여러 번 강조하지만 이것은 누가 가르쳐 줄 수가 없다. 누가 한다고 그대로 따라 해서도 안 된다. 충분히 돈에 대해서 공부를 한 이후에 나만의 방법을 하나씩 시도해보는 수밖에 없다. 그러기에 돈에 관해 공부하고 재테크를 실행하며 재산을 키우는 데는 많은 시간이 필요하다. 그래서 일찍부터 해야 하고 일상의 습관으로 자리 잡아야 한다.

물론 우리가 재테크 전문가는 아니기에 주된 일이 있다. 하지만 대부분의 사람들이 그 본업을 하느라 경제나 재테크에 너무 소홀하다는 것이다. 부모로부터 평생 사용하고도 남을 재산을 받았거나 아니면 그 일로 죽을 때까지 수입을 창출할 수 있다면 굳이 돈을 관리할 필요가 없다. 하지만 평범한 우리들은 우리의 일도 하면서 돈 관리도 함께 해야 한다. 돈만 밝히는 것이 아니라 돈의 노예가 되지 않고, 돈이 없어서 하고 싶은 일을 포기하지 않으며, 나이 들어서도 우아하게 살고 싶다면 젊어서부터 돈에 관해 공부하고 돈 관리를 잘 해야 한다.

내 주변에 가까운 다섯 사람은 누구인가

　　주변에 각자 자신과 가까운 다섯 사람을 떠올려 보자. 학교 다닐 때도 그렇고 직장을 다닐 때도 그랬다. 서로 모여 다니는 사람들의 성향이 비슷하다는 것을 알 수 있다. 음악을 좋아하는 사람들은 자연스럽게 음악에 대해 이야기하면서 서로 친해지고, 운동을 좋아하는 사람들은 경기에 대해서 이야기를 하거나 또 경기를 보러 가면서 함께 친해진다. 서로의 취미가 비슷해서 함께 어울리는 경우에 늘 화젯거리가 풍부하고 공감대 형성이 더 잘되어 관계가 지속되는 경우가 많다.

　　그래서 아이를 키우는 엄마들은 서로 만날 때마다 정보도 공유하고 아이를 키우면서 힘들었던 일들도 이야기하면서 스트레스를 풀기도 한다. 회사의 동료들은 퇴근 후 함께 어울리면서 회사에서 있었던 힘든 이야기도 하고 상사 흉도 보면서 동지애를 키워간다.

우리 각자가 오랫동안 만남을 이어오는 다섯 사람, 또는 다섯 그룹을 생각해보면 내가 어떤 사람인지 대강 짐작할 수 있다. 내가 가까이 자주 만나고 또 만나고 싶어 하는 사람들은 어떤 사람들인가? 부자들은 부자들끼리의 모임이 있다. 우리 같은 평범한 사람들을 끼워주지 않는다. 적어도 내 주변에 돈에 관해 부정적인 생각보다는 긍정적으로 생각하고 돈을 관리하고 재테크에 관심 있는 사람이 누가 있는지 생각해보자.

나는 개인적으로 쇼핑 이야기를 별로 좋아하지 않는다. 여성들은 나이를 불문하고 만나면 쇼핑 이야기를 참 많이 한다. 어디에서 비싼 것을 싸게 구입해서 기분이 좋더라, 너도 가서 사라, 이런 기회가 많지 않다 등의 이야기들이다. 예전에는 나도 사는 것을 좋아했었는데 몇 번을 사고 보니 살 때의 기분은 좋지만 얼마 지나고 나면 그 좋은 기분이 참 빨리 식는다는 것을 깨닫게 되었다. 무엇이든지 사기 전에는 꼭 갖고 싶다. 옷이든 핸드백이든 신발이든 하물며 집안의 살림살이든…. 하지만 일단 사고 나면 얼마 지나지 않아 있어도 그만, 없어도 그만이다. 그 사실을 알게 된 이후에는 쇼핑에 관해 누가 뭐라고 해도 별로 흥이 나지를 않는다.

또 한 가지는 삶에 대해서 최대한 단순화해서 살고 싶다는 생각을 많이 한다. 집에 자주 사용하지 않지만 소유하고 있는 물건들이 너무나 많다. 그러한 모든 것들을 나보다 더 사용하는 곳에 나누어주고 싶다. 한 번은 전기장판이 우리 집 장롱 안에 몇 개 있었다. 사실 있다는 사실도 잊어버리고 있었는데 어느 날 정리를 하면서 필요한 누군가에게 주고 싶었다. 재활용함에 넣기에는 너무 아깝고 사용하지도 않는데 우리집에 계속 보관하기에도 효율적이지 못하다고 생각했다. 그래서 예전에 전기장판을 사야겠다고 이야기한 지인이 생각나서 그분에게 연락하여 전해주었다. 이러면 서로가 좋은 것이다. 나는 집안이 슬림해져서 좋고 그분은 필요한 것을 비용을 들이지 않고 소유할 수 있어서 좋다. 우리 집에 있는 책들도 아이가 본 책은 대부분 도서관에 기증한다. 그러면 다른 사람들이 빌려서 볼 수 있고, 만약 그 책을 다시 보고 싶으면 도서관에서 빌려보면 된다. 아이가 어려서 자주 보는 책이라면 당연히 집에 소장해야겠지만 그렇지 않다면 개인의 소유보다는 공동으로 소장하고 필요할 때 빌려보는 것이 좋다는 것이 내 생각이다.

또 내가 다른 사람들에 비해 좋아하지 않는 부분이 드라마 이야기다. 사실 TV를 워낙 안 봐서 연예인 이름도 잘 모른다. 어쩔 때는 너무 몰라서 좀 민망할 때도 있다. 사람들이 모였을 때 연예인 이야기를 하면 재빨리 네이버로 검색해서 정보를 확인하고 대화에 참여한다. 예전에 회사에 다닐 때는 점심시간에 사람들과의 대화에 동참하기 위해 일부러 인기 드라마를 본 적도 있다. 밥을 같이 먹는 사람들이 남자 주인공과 여자 주인공의 스캔들에 대해 이야기했기 때문에 나도 그 분위기를 함께 즐기고 한두 마디 하려면 드라마를 봐야만 했었다. 하지만 요즘엔 더 안 보게 된다. 그 시간에 나는 책을 읽는 것이 더 즐겁다. 경제뉴스나 재테크에 관련된 정보를 찾아보려고 한다.

그러니 내가 만나기를 좋아하고 만남이 지속되는 사람들은 쇼핑 이야기나 드라마 이야기를 하는 사람들이 아니다. 우리들의 삶을 이야기하고 자기계발에 관심이 많으며 재테크에도 관심이 많은 사람들을 만나기를 좋아한다. 앞으로의 미래에 대해서 계획을 이야기하기도 하고 앞으로의 삶에 대해 대화를 나눈다. 과거의 이야기에 더 많은 시간을 보내는 만남보다는 현재의 이야기, 미래의 이야기, 자산을 어떻게 관리하고 늘릴 수 있을지에 열정을 가지고 이야기하는 것이 재미있다.

내 주변의 가까운 다섯 사람을 생각해보고 그들의 공통된 특징을 다섯 가지 말해보자. 그러면 아마도 그 다섯 가지가 자신에게도 맞는 특징일 가능성이 매우 높다. 어떤 사람이 되고 싶은가? 되고 싶은 사람들이 모여 있는 그룹에 들어가면 나도 그와 같은 사람이 될 가능성이 높아질 것이다. 시작은 요란하게 하지 않아도 된다. 사실 요즘에는 인터넷의 발달로 온라인상에 카페가 매우 다양하다. 요즘에는 네이버 카페가 더 활성화되기는 했지만 재테크에 관한 카페가 다음에도 매우 많다. 인터넷에서 검색하여 가입하고 그곳에 올라오는 글들을 읽으면 자연스럽게 재테크 지식을 알게 된다. 대부분의 카페에서 오프라인 강의도 함께 진행한다. 관심 있는 주제는 참석하여 강의도 듣고 관련 분야에 관심 있는 사람들과 모임을 가질 수도 있다.

내가 책을 출간하기 이전에는 책을 쓰는 사람은 대단한 존재로 느껴졌다. 그리고 만나기가 매우 힘든 사람이라고 생각했었다. 그런데 나의 첫 책을 출간한 이후에, 내 주변에는 책을 출간한 사람이 얼마나 많은지 모른다. 또 책을 쓰고 싶어 하는 사람들은 더더욱 많다. 내가 책을 출간하고 나니 노력만 하면 누구라도 책을 쓸 수 있다는 확신을 갖게 되었다. 물론 개인의 확고한 의지는 필수요건이다. 모든 사람은 자신만의 생각과 살아온 스토리가 있다. 그 스토리를 차근차근 글로 풀어 쓰면 그것이 모두 한 권의 책이 될 수 있다.

책과 관련된 여러 모임이 있는데 그중에 특별한 여성 작가 모임이 있다. 약 20명 정도의 사람이 정기적인 모임을 갖고 있다. 여기에 모인 여성 작가들은 정말 얼마나 열심히 사는지 모른다. 하루가 48시간인 것처럼 사는 사람들이다. 만날 때마다 서로 자극 받고 격려하며 응원해준다.

내가 어떤 사람이 되고 싶으면 그 사람들이 있는 곳으로 찾아가라고 말하고 싶다. 물론 처음에는 어색하고 날 끼워주지도 않을 것 같지만, 내가 노크하고 살며시 문을 두드리면 열어주지 않을 모임은 없다. 진취적이고 함께 성장하고자 하는 사람들은 배타적이지 않다. 내 것을 나누어 주지 않고 움켜쥐고 싶어 하는 사람들은 결코 더 크게 성장할 수 없다. 내가 회사에 다닐 때도 내 것만 지키려고 벽을 쌓는 사람들은 빨리 승진하지 못했다. 오히려 모든 것을 알려주고, 정보를 공유하며, 내 것을 아끼지 않고 나누어 주는 사람들이 훨씬 더 승진도 잘하고 회사에서의 생명력도 길었다.

돈 관리와 재테크에 관심이 있는가? 나의 주변의 사람들은 어떠한가? 현재 내가 가까이 지내고 있는 다섯 사람 또는 다섯 그룹이 마음에 드는가? 아니라면 어떠한 부분을 변화하고 싶은가? 어떠한 부분을 더

보충하고 싶은가? 내가 원하는 미래상은 어떤 모습인가? 그 미래상은
어디에 있는가? 그들이 있는 곳을 하루빨리 찾아 그들의 모임 안으로
들어가길 바란다.

03 돈의 가치를 소중히 여겨라

　　부자들일수록 작은 돈을 허투루 사용하지 않는다. 사실 예전부터 부자가 되려면 9000원이 있으면 가지고 있는 9000원을 써버리는 것이 아니라, 어떻게 해서든 1000원을 더 모아서 만 원을 만들고 이렇게 만 원씩 모아서 다시 10만 원을 만들라고 했다. 우리는 작은 돈은 푼돈이라 생각해서 별로 중요하게 생각하지 않는데 실제로 부자가 된 사람들은 아주 작은 돈부터 소중하게 생각한다. 또한 작은 것에도 감사함을 생활화한다. 시간관리에 있어서도 5분, 10분을 소중하게 생각하는 사람들이 시간관리를 잘한다. 작은 돈의 가치도 소중하게 생각하는 사람이 결국 돈 관리도 잘한다. 1000원이란 작은 돈을 가지고도 사용하는 방법은 매우 다양하다. 1000원으로 할 수 있는 일이 무엇이 있을까를 생각해보자.

- 마을버스를 탈 수 있다.
- 자판기에서 음료수를 마실 수 있다.
- 와이셔츠 세탁을 할 수 있다.
- 편의점에서 간단한 간식을 사 먹을 수 있다.
- 길거리에서 구걸하는 사람에게 줄 수 있다.

    ...

1000원이면 매우 작은 금액이지만 나름 할 수 있는 일도 다양하다. 1000원은 매우 작은 금액이지만 막상 1000원을 벌려고 하면 쉽지 않다. 2020년 시간당 최저임금이 8590원이다. 8590원을 벌기 위해서 아르바이트를 한다는 것이 쉬운 일이 아니다. 실제로 노동을 해본 사람은 돈의 가치를 더 잘 안다. 그래서 대학생부터는 꼭 스스로 돈을 벌어보라고 말한다. 실제로 일을 해서 어려움도 경험하고 예상하지 않았던 일들도 경험하면서 만 원, 10만 원, 100만 원을 모으는 것이 얼마나 힘든지 스스로 체험해야 한다. 이렇게 몸으로 돈을 벌어보면 돈의 대한 가치도 깨닫게 되고 돈을 함부로 쓰지 않는다.

부모님에게 말 만하면 용돈을 받는 경우는 돈과 관련하여 철이 늦게 들고 절약하려고 하는 마음도 쉽게 생기지 않는다. 가능하다면 어릴수록 돈에 대한 가치를 아이들에게도 알려주고 집에서도 각자가 할 일을 분담해서 하는 것이 좋다. 가령 집에서 식사를 하는 경우에도 식탁을 차리거나 반찬을 놓거나 먹은 후 설거지, 뒷정리 등을 모두가 분담해서 하도록 하는 것이 좋다. 이 세상의 이치가 공짜로 무엇인가를 얻을 수 있는 것이 아니라 집에서 식사를 하더라도 나의 노력이 들어가야 한다는 것을 가르쳐 주는 것이 좋다. 제대로 되고 오랫동안 대를 이어 온 부자들은 가정에서부터 이런 것을 가르친다.

당장 눈앞에 보이는 돈보다 더 큰 의미가 있는 일들도 많다

우리가 사람들을 만나서 밥을 같이 먹는 것이 단순히 배고픔을 채우는 것이 아니라 그 사람들과 만나는 것이 더 큰 의미가 있다. 우리가 밥을 같이 먹으면 서로 친해진다고 한다. 밥을 함께 먹는 것도 좋지만 식사 후에 티타임을 가질 때 더 많은 이야기를 한다. 그래서 카페에 가서 커피를 마시며 커피값을 지불하는 것이 아깝지가 않다.

지인 중에 커피값이 너무 비싸고 아깝다는 분이 있었다. 차라리 술을 마시면 이야기도 많이 하고 아깝지 않은데 커피는 마냥 비싸게 느껴져서 카페에 가는 것을 싫어한다고 했다. 하지만 내 생각은 다르다. 술자리를 함께하면 물론 이런저런 깊이 있는 이야기를 할 수도 있겠지만 왠지 술을 마시면 논리적 사고보다는 더 감정적으로 변할 것 같다는 생각이 든다. 개인적으로 술자리를 좋아하지 않아서 그렇기도 하지만 카페에서 차를 마시며 이야기할 때 훨씬 더 생산적인 이야기를 많이 하게 된다. 그래서 나는 사람들과 티타임 갖는 것을 좋아한다.

카페에 가면 일단 분위기도 쾌적하고 작은 테이블에 옹기종기 앉아서 하나의 주제로 집중하여 이야기하기가 참 좋다. 어느 해 추석 명절에는 우리 조카들과 함께 카페에 가서 각자에 관해 좀 더 생각해보고 서로가 이야기를 나눈 적도 있다. 그 모임에는 고등학생도 있었고, 대학생과 직장인도 있었다. 우리 부부처럼 중년의 나이도 있었다. 다양한 연령대가 모여서 내가 잘하는 것, 좋아하는 것, 나의 가치관을 리스트에서 체크하여 정리하면 그것들을 보고 다른 사람들이 이 사람에게 잘 어울릴 것 같은 일이나 직업에 대해서 서로가 브레인스토밍처럼 이야기하는 것이다. 평상시에 내가 생각했던 이야기를 듣기도 하고 한편으로는 전혀 생각하지 못했던 새로운 분야의 일이 나오기도 한다. 이러한 대화는 집에서 하기는 쉽지 않다. 다들 명절에 오랜만에 만나면 서로의 안부를 묻거나, 함께 TV를 보는 등 특별한 일 없이 시간을 보내는 경우가 많다. 그런데 2~3시간 정도 함께 근처의 카페에 가서 좀 더 구체적인 화제로 이야기를 나누다 보면 자신에 대해서도 다시 한 번 생각하게 되고, 친척들에 대해서도 조금 더 깊이 있게 이해하게 된다.

우리는 조카들과 종종 만나서 식사를 하고 카페에 모여 경제 이야기나 부동산에 관한 이야기도 나눈다. 아직 어리다는 생각은 들지만 우리가 경험했던 것들도 나누고, 아이들이 신문이나 뉴스에서 보고 들었던 것들을 함께 이야기하다 보면 아이들도 자연스럽게 돈 관리나 경제, 부동산에 관심을 갖게 될 것이다. 이렇듯 우리가 카페에 모여서 티타임을 갖는 것은 단순히 커피값을 지불하고 커피를 마시는 일이 아니라 그 이상의 눈에 보이지 않는 가치를 얻게 된다. 돈을 쓸 때 의미를 부여할 수 있다면 돈을 쓰는 것도 즐거운 일이다.

부동산 재테크는 미래가치와 연결되어 있다

주식을 사는 것도 결국은 그 회사의 가치를 보고 사는 것이다. 앞으로 그 회사의 가치가 더 올라갈 것이라고 생각하면 그 회사 주식을 사는 것이고 그 회사의 가치가 더 이상 좋아질 것 같지 않다고 판단하면 그 회사 주식을 사지 않는다. 부동산 투자를 잘하는 사람들도 결국 그 부동산의 미래가치를 보고 사는 사람들이다. 부자들일수록 이러한 감각이 발달된 사람들이다. 누가 가르쳐주기보다는 끊임없이 관심을 가지고 스스로 공부하며 이러한 것에 관심이 있는 사람들과의 관계를 갖는 것이 나에게 더 동기 부여가 된다.

우리가 결혼을 할 때도 상대방이 현재 일구어 놓은 것은 다소 부족해보여도 그 사람의 잠재력을 보라고 한다. 당장은 어렵게 시작해야 할 것 같지만 그 사람의 내재가치가 크다면 앞으로 살아가면서 점점 더 성장할 가능성이 많기 때문이다. 반대로 결혼 당시에는 부모님이 집을 마련해 주어서 친구들보다 더 편하게 사는 것 같지만 정작 본인들이 경제적 능력이 없다면 시간이 갈수록 친구들보다 어렵게 살 수도 있다. 부자들의 삶이란 지금 당장의 가치에 판단하지 않고 앞으로 펼쳐질 미래가치를 제대로 파악할 수 있는 매의 눈이 발달된 것이다.

자녀의 경제 교육은 필수

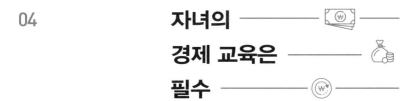

요즘 꼬마빌딩이란 단어를 신문이나 인터넷에서 자주 보게 된다. 대형 빌딩은 아니면서 보통 50억 이하의 건물을 꼬마빌딩이라고 칭한다. 빌딩의 크기가 작기는 한데 월세가 나와서 수입을 안정적으로 얻고자 하는 사람들이 사려는 부동산 중 하나이다. 우리들처럼 평범한 사람들의 로망이기도 하다.

문득 서울 강남의 초등학생들과 대화해보면 이렇다는 진담 반, 우스개 반의 이야기가 생각난다.

"너는 꿈이 뭐야?"

"건물주요."

"왜?"

"임대 소득 받으려고요."

이 아이들의 조부모님은 건물주로 손자들의 학원비를 내주는 경우도 많을 것이다.

하지만 우리는 이런 것에 속으면 안 된다. 내가 아는 지인의 이야기다. 그는 초등학교 때 집이 부자여서 운동화도 그 시절에 유명 브랜드만 신고, 옷도 백화점에서 사는 옷들만 입었다. 사실 친구들의 부러움 대상이었다. 어린 시절 살던 동네에 부모님 소유의 작은 빌딩이 3개나 있었고, 그중 한 건물의 5층은 태권도장이어서 월세도 매달 꼬박꼬박 잘 나왔다. 이 친구는 성인이 되어 결혼을 하고서도 제일 편하게 돈 걱정은 안 하면서 살 것이라고 모든 친구들이 생각했다. 하지만 안타깝게도 결과는 그렇지 않다. 이 친구가 30대 때 어머니가 암 진단을 받게 되셨고 많은 돈을 병원비와 치료비로 사용했지만 오랜 투병 생활 끝에 결국 돌아가셨다.

부모님은 부부 사이가 매우 좋으셨는데 아버지는 얼마 지나지 않아 가족들의 반대에도 불구하고 새로운 분을 만나 재혼했다. 상대 여자분의 자녀들도 있어서 재산은 더 많은 수로 나뉘어져야 했다. 이로 인해 재산은 점점 줄어들고 건물도 모두 팔면서 자식들은 평범한 월급쟁이로 가정생활을 꾸려나가고 있다. 그런데 워낙 부유하게 자랐기 때문에 돈에 대한 소중함도 잘 몰랐고 절약하는 생활도 몸에 배지 않았다.

경우에 따라서는 부모가 경제력이 뛰어나서 자녀들에게 경제 교육을 시키는 가정도 있지만 대부분은 부모가 잘사는 경우에는 굳이 자녀들에게 경제 교육을 안 시키는 경우도 있다. 부모의 재산으로 자녀들 세대까지 돈 걱정 없이 살 것이라고 확신하고 중요하게 생각하지 않는다. 하지만 그렇지 않다. 자녀들에게 무엇보다 필요한 것이 경제 교육이다. 어려서부터 절약하고 돈을 벌기가 어렵다는 것, 저축의 중요성, 돈에 대해서 소중함을 알게 하는 것이 자녀가 나중에 가정을 꾸리고 살아가는데 힘들지 않게 살도록 도와주는 것이다.

요즘 20대의 젊은 친구들은 매우 막연하게 생각한다. 성인이 되어 수입이 생기면 일단 현재를 즐기자고 생각한다. "열심히 일한 당신 떠나라"라는 광고 카피처럼 한 달 동안 고생해서 일했으니 자신이 원하는 여행도 가고, 즐기면서 살며 자동차부터 사고 싶어 한다. 현재를 즐기면서 사는 것이 중요하다고 생각하니 앞으로의 인생도 막연히 '잘될 거야'라고만 생각하지 구체적으로 계획하거나 준비하지 않는다.

어려서부터 아이에게 용돈을 지급하고 용돈 관리하는 것을 알려주고 지켜보아야 한다. '세 살 버릇 여든까지 간다'는 속담이 있듯이 처음 용돈이라는 것을 받고 무조건 쓰고 모자라면 더 주는 방식은 자녀에게 경제관념을 심어줄 수가 없다. 돈을 쓰는 것도 습관으로 굳혀진다. 일단 용돈을 받으면 저축하는 것도 알려주어야 하고, 일주일별로 나누어 쓰는 것도 알려주어야 한다. 어떤 아이들은 한 달 용돈을 받으면 1~2주 안에 안에 다 써버리는 아이들도 있고, 어떤 아이들은 거의 사용하지 않고 저축하는 아이들도 있다. 그래도 고등학교까지는 집에서 모든 것을 뒷받침해주고, 친구들과의 교제도 어느 범위 안에 있어서 용돈을 쓰는 것도 차이가 많이 나지는 않는다. 하지만 성인이 되면서부터는 철저한 돈 관리를 할 수 있도록 알려주어야 한다.

여기에서 또 하나 놓치지 말아야 할 것이 부모의 돈 관리 습관이다. 부모가 일상생활에서 항상 절약하는 생활태도를 보여주고, 수입의 일부는 저축을 하고, 계획된 예산 안에서 지출을 하는 것을 보여주면 아이들도 보고 배운다. 마트에 장을 보러 갈 때도 미리 필요한 것을 리스트에 적어가는 모습을 보고 자란 아이는 성인이 되어서 그렇게 따라 한다. 아이가 커서 아이 옷을 사러 갈 때도 미리 아이에게 오늘 사야 할 품목이 무엇인지 미리 물어보고 그에 해당하는 예산이 얼마인지를 알려주는 것이 좋다. 실제 쇼핑을 하러 가서 예상하지 않았는데 사고 싶다고 해서 무조건 사게 되면 아이도 모르게 예산과 지출에 대한 개념이 무너진다. 월마트를 시작한 샘 월튼도 엄청난 부자가 된 이후에 경제적 여유가 많은데도 여전히 매우 절약하는 삶을 살았다고 한다.

우리가 결혼할 때가 되면 결혼할 상대의 부모님을 보라고 한다. 실제로 많은 경우를 보니 그 부모님의 생활태도나 소비 습관들이 그대로 나타나는 경우가 많은 것이 사실이다. 아이들에게 어려서부터 가정에서 경제 교육을 시키는 것은 매우 중요하고 동시에 부모님이 먼저 계획되고 균형 잡힌 수입과 지출 그리고 재테크 하는 모습을 보여주는 것이 아이들에게 살아있는 경제 교육을 시켜주는 것이다

어느 재테크 카페에 올라온 글이다. 돈을 모으기 위해서는 불필요한 모임에도 가지 말고, 술자리에도 가지 말고, 도움이 안 되는 사람과의 만남도 자제하라는 내용이었다. 다소 긴 글이었지만 주된 내용은 쓸데없는 곳에 돈을 쓰지 말라는 것이다. 이 글에 동의하는 댓글이 아주 많

이 달렸다. 이 글을 보면서 잠시 생각을 하게 되었다. 우리가 사는 목적이 무엇일까? 인생이란 무엇일까? 무조건 돈을 모으기 위해서 사는 것은 아닐 것이다. 그런 내용을 쓰고 댓글을 다는 분들도 물론 돈만 모으겠다는 이야기는 아닐 것이다. 무엇보다 중요한 것이 삶의 가치관을 정립하고 내가 중요하다고 생각하는 것에 시간과 돈, 열정을 쏟아야 한다는 점이다.

우리 아이들이 돈에 대해서 바르게 생각하고 돈에 지배당하지 않고 자신이 의도하는 삶을 살기 위해서 돈을 다스릴 수 있는 성인으로 자랄 수 있기를 기대한다. 경제 교육을 시킨다는 것은 단순히 돈에 대한 관리를 교육하는 것을 넘어서 매우 큰 의미를 담고 있다. 세계적인 부자인 잭 웰치는 어려서 아버지가 하루도 쉬지 않고 열심히 일하는 모습을 보면서 자신도 부지런하고 열심히 일하는 것을 당연하게 받아들인 것이 곧 경제 교육이라고 말한다. 부모가 성실히 부지런히 일하는 모습을 보고 자란 아이들은 그 모습을 그대로 습득한다. 따로 말로 설명하지 않아도 부지런하게 성실하고 일하는 것이 당연한 것이라고 받아들인다. 그래서 엄마가 일하는 가정에서 자란 딸들은 유난히 결혼을 하고도 자신의 직업을 가진 경우가 매우 많다. 물론 앞으로는 여성이든 남성이든 각자의 일을 하며 사는 시대이겠지만 부모님의 삶을 보면서 자신의 삶도 진취적으로 설계해가는 것은 당연하다고 하겠다.

지식을 쌓는 것이 얼마나 중요한가를 가르쳐 주는 것도 경제 교육만큼이나 중요하다. 학교에서 배우는 공부가 다가 아니고 자신이 관심 있는 분야에 깊이 있게 지식을 쌓을 때 이것이 결국 나중에 힘이 된다는 것을 일깨워 주는 것이 곧 경제 교육이다. 어찌 보면 단순한 돈 계산을 하고 용돈 기입장을 쓰는 것보다 더 큰 힘을 발휘할지도 모른다. 관심 있는 분야를 공부하는 것은 돈으로 살 수 없는 가치 있는 일이다. 앞으로는 더욱더 자신만의 확고한 영역이 필요한 시대이다. 단순한 것들은 모두 로봇이 대신할 것이고 순수하게 인간만이 할 수 있는 창의적인 아이디어와 도전정신이 더욱 필요한 시대일 것이다.

감사가
부를
불러온다

　　내가 주변에서 만난 부자들은 늘 감사하다는 말을 많이 한다. 모든 상황에 있어서 긍정적인 면과 부정적인 면이 있기 마련이다. 과연 나의 뇌는 어느 부분이 항상 먼저 자동적으로 클릭되는가? 긍정적으로 사고하고, 어려운 상황에서도 '그럼에도 불구하고' 감사하는 마음을 갖는 사람들은 모두 경제적인 안정을 누린다. 항상 부정적인 면이 뇌에 먼저 클릭되는 사람들은 행복함과 감사보다는 불안과 염려가 삶을 지배한다. 대체로 그러한 사람들은 경제적으로 어렵게 살고 어느 정도 재산이 있음에도 불구하고 늘 불안해한다.

**365분에게
감사카드를**

첫 번째 책을 출간하고 내가 원했던 강의를 시작하게 되었다. 일주일에 한 번 있을까 말까 하던 강의를 어느덧 매일 다니게 되었다. 꿈꾸고 상상하며 바라던 것이 현실의 삶이 된 것이다. 참 감사하다는 생각이 들었고 이런 감사를 나누고 싶다고 생각했다. 어떻게 무엇을 실천할지를 고민하다가 신유경 씨의 『땡큐 레터』를 읽은 것이 생각이 났다. 작게 시작한 감사편지가 그의 삶을 더욱 풍요롭게 하고, 주변에 감사할 일들이 점점 많아지면서 자신의 삶도 그리고 주변 다른 분들의 삶도 더욱 기쁨과 감사가 넘치게 되었다는 내용이다. 이 책을 읽은 많은 사람들이 감사카드 쓰기 시작했고, 감사카드를 쓰는 사람도, 받는 사람도 기쁘고 행복하다는 이야기를 많이 했다. 나도 감사카드를 써야겠다는 생각이 들었다. 막연히 쓰는 것보다 무엇인가를 정하고 쓰는 것이 더 실행력을 높일 것 같아 나 스스로와 약속했다.

'365일을 감사하며 살겠다는 다짐으로 365분께 감사카드를 전하자!'

첫 번째 대상은 남편이고 두 번째는 아들이었다. 사실 부모님부터 했어야 하는데 부모님께 보내려면 편지를 쓰고 무엇인가 특별한 선물을 사서 우체국에 가서 보내야 했기 때문에 그러면 실행하는 시간이 지연될 것 같아 일단 현재 가까이 있는 사람부터 쓰기 시작했다. 생각할 때 실천하지 않으면 계속 시간이 지나가고, 그러다 보면 결국 실천하지 못하는 것들이 많았다. 그래서 무엇인가 생각하면 바로 실천할 수 있는 것부터 시작했다. 그 후에 물론 부모님께도 감사편지와 선물을 택배로 보내드렸다.

막상 감사카드, 감사편지를 쓰다 보니 그동안 막연히 감사하다고만 생각했던 것들을 실천할 수 있어서 더욱 감사했다. 우리가 생각만 하고 말로 하지 않으면 상대방은 우리의 마음을 잘 모른다. 내가 화나면 화났다고, 속상하면 무엇 때문에 속상하다고, 행복하면 무엇 때문에 행복하다고 표현하고 사는 것이 서로에게 더 좋은 관계를 형성할 수 있다. 한집에서 20년을 넘게 자라고 지금은 각자의 가정을 꾸리고 살아가는 언니, 오빠에게도 감사편지를 쓰니 쓰는 나의 마음도 새로웠고 받는 언니, 오빠도 즐거웠을 것이다.

무엇보다 강의를 다니면서 강의장에서 만난 분들에게도 감사카드를 전했다. 강의가 끝난 후에 각자가 실천할 사항들을 발표해달라고 부탁드렸다. 그중 두세 분에게 감사카드와 함께 초콜릿을 함께 드렸다. 무엇보다 손편지에 감동받았다는 이야기를 정말 많은 분들이 해주셨다. 강의도 좋았는데 감사카드까지 받으니 더 기분이 좋다는 것이다. 아주 작은 것이지만 감사하는 마음을 갖고 그 감사의 마음을 전하니 건네는 사람과 받는 사람 모두가 잠시라도 행복한 마음을 느낄 수 있어서 좋았다. 이런 것을 보면서 삶에서 행복하다는 것은 특별한 것이 아니고, 일상에서 우리가 만들어가는 것이라는 것을 다시 한 번 깨닫게 되었다.

이렇게 감사카드를 전하면서 개인적으로도 감사할 일들이 더 많아졌다. 강의가 더 많이 잡히기도 했고, 두 번째 책 원고를 메일로 보낸 첫날에 멋진 출판사와 계약을 하게 되었다. 또한 우리 아이가 청소년 물리 토너먼트에서 국가대표로 선발되어 싱가포르에서 열리는 국제 대회에 참석하는 기쁨을 얻었다. 또한 이 시기에 강남에 있는 아파트를 매수했다. 우연의 일치라고 말하기에는 너무도 과분한 일들이 우리 가정에 일어났다. 타인에게 감사카드를 전하는 일이 다소 번거롭다면 스스로 감사일기를 쓰는 것도 좋은 방법이다. 나는 공책에 달력을 그리고 거기에 간단하게라도 매일 감사한 일들을 메모하고 있다.

예상치 않은 감사카드에 더 큰 기쁨이

추운 1월의 어느 날, 지방에서 강의를 마치고 서울로 돌아오는 길에 자동차에 기름을 넣으려고 주유소에 들어갔다. 그런데 들어가는 순간 셀프주유소인 것을 보았다. 평상시에는 셀프주유를 잘하지만 이날은 유난히 추워서 조금 머뭇거려졌다. 그런데 마침 차에서 내리기 전에 직원 한 분이 나오셔서 주유를 해주셨다. 감사한 마음으로 기름값을 계산하면서 인사와 함께 작은 초콜릿을 전해드렸더니, 환하게 웃으며 감사하다고 하셨다. 그 환한 웃음이 서울로 돌아오는 내 마음속을 내내 환하게 웃게 만들었다. 아마 기대하지 않았을 때 받는 작은 감사가 우리를 더 기쁘게, 더 행복하게 만들어주는 것 같다.

또 한 번은 겨울 방학 중에 춘천에 있는 대학 캠퍼스에 잠시 들린 적이 있었다. 저녁 6시 52분에 카페에 들어가서 서울로 돌아오는 차 안에서 마실 카페라떼를 주문했다.

"오늘 주문이 마감이 되었습니다."

"몇 시까지 주문을 받나요?"

"방학이라 7시에 카페 문을 닫는데 주문은 6시 50분까지만 가능합니다. 2분이 늦어서 안 될 것 같아요."

"죄송하지만, 혹시 주문을 받아주실 수 있나요? 부탁드릴게요."

"네, 준비해드리겠습니다."

사실 누구라도 빨리 정리하고 퇴근하고 싶은 마음이 일하는 사람이라면 간절할 것이다. 그런데 해주신다고 하니 나는 진심으로 감사하다는 마음이 들었다. 그래서 커피를 만드는 동안 얼른 감사카드를 쓰고 커피를 받으면서 가방에 있는 초콜릿을 전해드렸다. 내가 라떼를 부탁했을 때는 짜증이 날 수도 있었겠지만 감사카드를 받았을 때는 다소 기분이 좋아지지 않았을까?

울산에 갔을 때는 KTX역에서 시외버스로 40분 정도 이동해서 강의장에 도착했다. 그때도 갑자기 이렇게 운전해주셔서 편하게 울산역에서부터 강의장까지 갈 수 있다고 생각하니 감사하다는 마음이 들었다. 그래서 버스 안에서 짧게 카드를 쓰고 작은 초콜릿과 함께 내리기 바로 전에 감사하다며 전해드렸다. 웬 낯선 사람이 이런 것을 주나 어리둥절하시며 받으시는 모습이었다. 하지만 아마도 그날 하루는 운전을 하시면서 다른 날보다 더 기분 좋은 하루였을 것이라 상상해본다.

언젠가부터 가방에 카드와 작은 초콜릿을 챙겨 다닌다. 미리 예정하고 준비하는 것도 좋지만 순간순간에 나누는 작은 감사가 일상의 삶에서 행복으로 다가왔다.

**당연한 것이 아니다.
감사할 일이다**

우리가 살면서 당연하다고 느끼는 것이 참 많다. 하지만 잠시 다시 생각해보면 감사한 일이 얼마나 많은지 모른다. 어느 해 5월, 6월에 가뭄이 너무 심해서 벼농사를 포기하는 농가가 매우 많다는 뉴스를 들었다. 그 농부들의 마음은 정말 하늘이 무너지는 듯한 아픔일 것이다. 또한 작은 섬마을에서는 씻을 물도, 밥을 지을 물도 없어서 군인 차량이 작은 섬마을을 다니면서 물을 공급한다고 했다. 밥을 지을 물도 없다는 것이 상상이 가질 않았다. 우리는 서울에서 아파트에 살면서 24시간 수도꼭지만 틀면 물이 콸콸 나오는 지역에 살고 있는데 같은 나라임에도 불구하고 이렇게 어려워하는 지역이 있다는 것이 정말 믿겨지지 않았다. 당연하다고 생각하는 것이 얼마나 감사한 일인지 다시 한 번 깊이 생각하게 되었다. 가족들이 모두 건강한 것도 감사할 일이고, 각자가 자신의 할 일이 있다는 것도 감사할 일이다. 가족 중 한 사람이 아프면 그 어려움은 이루 말할 수가 없을 것이다. 그런데 우리는 가족 모두가 건강한 상태에서는 이것이 얼마나 소중하고 감사한 일인 줄 잘 모르고 살아간다. 가족 모두가 건강한 것이 당연한 것이 아니라 모두가 건강해서 감사할 일이다.

여름 휴가철에 여름휴가를 가는 것이 당연한 것이 아니라 여름휴가를 다녀올 수 있음에 감사할 일이다. 모두가 여름휴가를 가는 것 같지만 사실은 여름 휴가철에 일하느라 휴가를 못가는 사람들도 알고 보면 매우 많다. 당연하다고 생각할 것이 아니라 내가 할 수 있음에 감사할 때 또 다른 감사가 이어진다. 자녀들이 아침에 잘 일어나 어린이집, 유치원, 학교에 잘 가는 것도 감사한 일이다. 안 가고 싶다고 떼쓰면 그것처럼 난감한 일이 없다. 엄마가 출근할 때도 아이가 울지 않고 웃으며 인사해주는 것이 얼마나 감사한 일인지 모른다. 우리 아이가 4살 때 어린이집을 처음 다니기 시작했는데 1학기를 잘 다니다가 여름방학 일주일을 쉬고 2학기에 다시 어린이집을 가야 하는데 안 가겠다고 나를 붙잡고 우는데 당시 참 마음이 아팠다. 겨우겨우 어린이집 선생님께 부탁하고 나는 서둘러서 출근한 기억이 아직도 생생하다. 아이가 즐겁게 나와 인사하며 어린이집에 들어가면 출근하는 나의 발걸음도 한결 가볍다. 그런데 안 가고 싶다고 울면 일하는 엄마의 마음이 매우 복잡해진다. 생각만 달리하면 일상이 감사로 가득한 것이다.

**감사의 뇌를
클릭하며 살자**

남편의 직장일로 가족이 영국에서 2년 정도 살다 온 적이 있다. 이사하자마자 한 일이 인터넷을 신청한 일이다. 현지인들에게 물어보고 가장 서비스가 좋다는 곳을 선정하여 신청했다. 그런데 참 이상했다. 접수는 잘되었다고 하는데 도통 언제 오겠다는 연락이 없었다. 우리는 2차, 3차 전화로 언제 오는지 물어보고 계속 기다렸다. 한 달 정도를 기다려서 드디어 설치하러 왔는데 그날도 못한다 하고 그냥 돌아갔다. 우리가 이사한 집이 새집이라 집 앞까지 인터넷선이 들어와 있지 않고 집 앞의 도로 공사를 해서 선을 이어와야 한다는 것이다.

한국 같으면 대부분이 아파트 단지이고 개인 주택이라도 인터넷 설치를 부탁하면 2~3일이면 된다. 아무리 길어도 아마 일주일 정도면 설치가 될 것이다. 그런데 영국에서는 이렇게 시작한 인터넷 설치가 거의 3개월 뒤에야 이루어졌다. 처음에는 화도 나고 왜 이렇게 오래 걸리나 불평도 했지만 나중에는 이렇게라도 설치된 것에 감사했다. 일주일이면 당연히 설치되겠지 하는 것이 절대로 당연한 것이 아니었다. 비록 3개월이 걸렸지만 우리 집에서 편하게 인터넷을 사용할 수 있음에 감사했다.

어떻게 생각하느냐에 따라 일상의 삶에서 가정에서도 감사가 넘친다. 초등학교 1학년 때 놀이터에서 놀다가 높은 곳에서 떨어진 적이 있다. 턱 밑을 살짝 다쳤는데 피가 많이 나서 병원에 갔더니 몇 바늘을 꿰매야 한다고 했는데 지금도 아주 살짝 흉터가 남았다. 당시 나는 엄마에게 왜 이렇게 개구지게 노냐고 혼날 줄 알았는데, 병원을 다녀와서는 이만한 것이 천만다행이라고 말씀하시며 심하게 다치지 않은 것에 감사하다고 한 말이 기억이 난다. 어린 마음에도 엄마의 말이 많이 위로가 되었던 것 같다. 그 이후 다시 놀이터에 가서 놀아도 두렵거나 주저하지 않고 오히려 더 열심히 놀았던 기억이 난다. 부모가 늘 감사하는 생활을 하면 그 가정은 여러 가지로 평화롭다. 재테크 또한 마음이 평안한 가정에서 더 좋은 결과를 가져온다. 모든 것은 마음에 달려있다. 매사에 감사의 뇌가 클릭되는 삶을 살 때 '부(富)'도 자연스럽게 따라온다는 것을 잊지 말자.

06 열정이 강남의 아파트를 사게 한다

《아시아뉴스통신》 2017년 5월 22일자 기사에 따르면 '청년장사꾼' 김윤규 대표는 '열정감자'라는 감자튀김으로 창업을 시작해 30억 원의 매출을 올렸다고 한다. 또 용산구의 오래된 인쇄소 골목에 청년장사꾼 매장 7개를 열어 아무도 찾지 않는 지역에 사람을 모이고 하고 새로운 문화를 만들어가고 있다.

김윤규 대표의 이야기를 간단히 요약하면 이렇다. 그는 제대하기 전에 이메일을 '총각네 야채가게'에 보내 제대하자마자 그곳에서 근무하고 싶다고 의사를 밝히고 결국 직원으로 뽑혀서 제대한 지 3일 만에 '총각네 야채가게'에서 일을 하며 장사하는 것을 배웠다. 1년 반 정도 그곳에서 일했는데 사실 어떻게 매출을 올리는가를 배우기보다는 어떻게 야채와 과일을 사러 오는 사람들에게 감동을 시킬까를 더 배웠다. 가게를 찾는 사람 한 사람, 한 사람을 모두 기억하고 다시 그 가게를 찾았을 때 더욱 친근하게 손님을 맞이하는 것이다. 김윤규 대표는 똑같이 하는 장사라도 그냥 물건만 파는 것이 아니라 사람의 마음을 사도록 정성과 열정을 다해 작은 물건 하나라도 파는 것이 가장 핵심이라고 이야기한다.

1년 반 정도의 삶을 종업원으로 일하며 스스로 더 크게 성장하고 싶어서 공부하고, 책을 읽고 다양한 활동을 경험했다. 결국 자신의 전공인 전자전기공학부보다는 장사하는 것이 더 잘하는 것이라고 스스로 판단하여 뜻이 맞는 친구들과 모여서 창업을 하기 시작했다. 맨 처음에는 이태원에 카페를 열었지만 결국 짧은 한 달 만에 다른 아이템으로 바꿔야만 했다. '열정감자'라는 가게로 대성공을 이루었는데 그 비결이 무엇이냐고 묻는 질문에 김윤규 대표는 즐겁고 '열정적으로 일한 직원들의 몫'이라고 대답했다. 결국 30억의 매출을 일으키는 열쇠는 감자의 품질보다, 감자를 튀기는 온도보다, 가게의 위치보다 열정을 가지고 함께 일한 사람들의 결과라는 것이다. 결국 모든 것의 결과는 얼마만큼의 열정을 가지고 진심으로 간절하게 일한 것에 대한 산출물이다.

해마다 창업자 수는 대략 100만 명 정도라고 한다. 이 중에 1년 후에는 대략 60퍼센트만 남고 40퍼센트는 폐업한다. 남은 60퍼센트 중에서 5년을 버티는 창업자 수는 다시 그중에서 20퍼센트 정도이고 대략 80퍼센트는 5년 이내에 문을 닫는다. 이러한 데이터로 추정해볼 때 10년 이상을 버티는 사업장은 대략 4퍼센트이다. 그러면 이렇게 10년 이상을 버티고 창업가로 성공하는 비결은 과연 무엇일까? 많은 사람들이 연구하고 이들을 만나서 인터뷰를 해보면 결국은 이들 마음속에 있는 강한 열정이 그들을 4퍼센트 안에 들게 하고 사업가로 성장하게 만들었다는 것을 알 수 있다.

우리가 무엇인가를 이루기 위해서는 이러한 열정 없이는 아무것도 이룰 수가 없다. 우리는 돈 관리를 통해서만이 10억이라는 돈을 모을 수 있다. 10억이 있어도 그만, 없어도 그만이라고 생각하는 사람은 노력하지 않아도 된다. 하지만 스스로 '나는 꼭 10억을 만들 거야'라고 생각한다면 구체적으로 어떻게 만들 것인지를 아주 진지하게 간절히 방법을 찾아야 한다. 분명히 방법은 있다. 처음에 한두 가지 시도해보고 중도에 포기하는 사람들이 많기 때문에 10억을 끝까지 모으는 사람이 적은 것이다. 무엇인가 한 가지를 이루어 본 경험이 있으면 그것을 토대로 2차, 3차를 이룰 수 있는 근육이 생긴다. 운동을 할 때도 처음에는 윗몸 일으키기를 10개만 해도 배가 아파서 더 이상 못하지만 매일 저녁 꼭 윗몸 일으키기를 하겠다고 결심하고 행동으로 옮기면 50개도 넘게 할 수 있게 된다.

10억 원을 만들기 위해서는 철저한 돈 관리를 위해서 저축을 해야 하고, 1000만 원부터 목돈을 만들어야 한다. 1000만 원을 만들지 못하면서 10억을 만들겠다는 말은 아무에게도 신뢰를 얻지 못한다. 무엇보다 자신이 하고 있는 일에서 최선을 다하고 자신이 하는 일에 자부심을 가져야 한다. 어떠한 일을 하더라도 자신이 당당하고 떳떳하면 더 열심히 하게 되고 더 많은 수익을 얻을 수 있다. 하지만 모든 사람들이 부러워하는 직업을 가지고 있더라도 자신이 그 일이 마음에 들지 않고 부끄

러워하고 싫다고 느끼면 절대로 좋은 결과를 낼 수가 없다. 자신이 무엇을 잘하는지를 꾸준히 살펴보고 찾아가면서 자신의 실력을 가장 잘 드러낼 수 있는 일을 찾아서 열정을 쏟아야만 수입은 늘게 되고 돈 관리를 통해서 자신이 목표로 하는 자산을 늘릴 수 있다.

우리 집은 결혼 후 처음 5년은 두 사람의 월급으로 가능한 한 많은 저축으로 최대한 목돈 만들기에 집중했고 그 이후에는 금융상품과 주식, 부동산 등 다양한 방법들을 조금씩 시도했다. 무엇인가를 구입하고 팔기 위해서는 관심을 가지고 공부를 해야 하며 판단할 수 있는 확신이 있어야 한다. 워낙 빚을 지거나 대출을 받는 것을 꺼려해서 우리 집은 다소 더디게 재산을 모은 편이다. 하지만 서두르지 않고 최대한 안정적으로 돈을 모으고 관리했다는 측면에서는 아쉬움이 없다.

2017년에는 강북에 전철 3호선 라인으로 역에서 5분 이내에 있는 초역세권이면서 안산을 끼고 있는 조금 오래된 아파트를 구입했다. 다소 오래되긴 했지만 초역세권이라 세입자 수요는 꾸준히 있고, 또 현재 대지 지분이 많으며, 용적률이 낮아서 장기적으로는 리모델링이나 재건축의 이야기가 나와도 호재로 작용할 것이라 판단했다. 장기보유를 하고 싶었지만 다주택 소유자에 대한 중과세가 2018년 4월부터 실시되어 우리의 계획보다 다소 일찍 2018년 3월에 50퍼센트 정도의 수익을 실현하고 매도했다.

신문이나 방송에서 다주택자들이 강북의 집은 팔고 강남의 똘똘한 한 채를 소유한다는 기사를 많이 볼 수 있다. 우리 부부도 결국 주택수를 줄이려면 장기적으로 덜 떨어지고, 오를 때는 더 많이 오르는 강남의 집을 가지고 있기로 했다. 결혼 후 아이가 초등학교에 입학하기 전까지 5번 정도 이사를 한 것 같다. 한곳에 머무르지 않고 계속해서 자산을 늘리며 이사를 다녔다. 아이가 일산에서 초등학교를 입학하고 2년을 다니다가 남편의 직장일로 영국에서 2년 정도 생활하다 귀국하면서 대치동으로 이사를 왔다. 아이가 학교를 다니면서부터는 이사가 자유롭지 못했다. 아이가 고등학교 3학년 때까지는 대치동에 살면서 계속 부동산의 가격 변화를 주시했다. 전세가격은 계속 오르는데 집값은 그만큼 오르지 않기에 우리는 매수 시점이라 판단하고 학원 중심가에 전철역과 바로 인접해 있는 아파트를 매입했다. 이 아파트는 장기적으로 보유할 생각이다.

부동산 재테크도 열정 없이는 할 수 없다. 부동산에 관한 책을 출간한 저자들의 강연을 다녀 봐도 그렇고, 전업 투자가로 활동하는 사람들의 강의를 들어보면 그들의 열정은 정말 대단하다. 끊임없이 알아보고, 공부하며, 데이터를 분석하고 좀 더 옳은 판단을 하기 위해 열정적으로 노력한다. 잠자는 시간을 줄여가며 정보도 찾고, 현장을 다녀오지만 집을 매수하고 셀프 등기도 하고, 또 전세나 월세를 주기 위해 셀프 인테리어를 하는 경우도 많다. 이들도 처음부터 이런 일들을 잘하는 것이 아니었다. 하지만 자신이 목표한 자산을 이루기 위해서는 할 수 있는 모든 노력을 다 하는 것이다. 사람마다 좋아하고 잘할 수 있는 영역이 모두 다르다. 자신이 할 수 있는 부분을 찾아서 열정을 가지고 집중하며 꾸준히 할 때 누구나 자신의 목표를 이룰 수 있다.

그런데 나는 재테크와 부동산을 통해서 어느 정도의 자산 증식을 하는 것도 좋지만 그 이전에 자신의 삶에서 의미 있는 일을 하며 사는 것은 진정으로 더 중요하다고 생각한다. 우리가 돈 관리를 하고 돈을 모아서 자산 증식을 원하는 이유는 내가 돈으로 인해 불편하지 않고 돈 때문에 하고 싶은 일을 못하는 일이 없기를 바라기 때문이다. 재테크나 부동산만 하다 보면 마치 돈을 모으는 것이 삶의 목적처럼 되지 않을까 걱정이 된다. 물론 자신의 가치관을 세우고 돈을 모은 후에 돈을 선한 곳에 사용한다는 뚜렷한 목표가 있다면 돈을 모으는 것이 그러한 목표를 실천하기 위한 과정이니 충분히 의미가 있는 것이다.

현재의 삶에서 열정을 가지고 의미를 찾고 보람을 느끼며 일을 하면서 사는 것이 무엇보다 중요하고 우선되어야 한다. 그런데 그렇게 저축만 해서는 우리가 원하는 자산을 만들 수 없으니 거기에 좀 더 자산을 모으기 위해서 또 다른 노력을 해야 한다는 것이다. 매일 그리고 매달 열심히 일은 하지만 돈이 모이지 않아도 더 큰 걱정이다. 돈 관리를 제대로 하지 않으면 일을 하면서도 현재를 즐기지 못하고 미래에 대한 두려움도 시간이 갈수록 커지기만 한다.

창업을 해서 10년을 살아남을 확률이 4퍼센트 정도라고 하는 말에 마음이 아프면서도 그럴 것이라는 짐작도 된다. 우리 각자는 우리의 삶에 있어서 겉으로의 모양새는 다르지만 모두가 창업을 하고 살아가는 것과 다를 바가 없다. 그렇다면 나는 과연 그 4퍼센트에 들 수 있는 자격이 되는지를 다시 한 번 생각해보자. 돈 관리를 제대로 하는 사람은 그 4퍼센트 안에 들 가능성이 크다고 생각한다. 그 4퍼센트 안에 들려면 내가 지금 이 순간부터 어떠한 노력을 해야 하고, 내 안의 열정을 어떻게 깨워야 할까?

진짜 부자가 되자

연봉이 얼마이면 만족할까?

연봉이 2000만 원인 사람은 연봉이 4000만 원으로 인상되었으면 좋겠고, 현재 연봉이 4000만 원인 사람은 연봉이 8000만 원으로 오르길 바랄 것이다. 그러면 연봉이 8000만 원인 사람은 만족할까? 연봉이 1억인 사람도 연봉이 2억으로 오르길 바란다. 10억이 자산인 사람은 20억을 가지고 싶고, 20억을 가지고 있는 사람은 50억을 가지고 싶어 한다.

얼마큼 돈이 있으면 부자일까?

스스로 부자에 대한 개념정립을 하는 것이 우선되어야 한다. 2017년 5월 중순에 부동산 강의를 들으러 갔다. 부동산에 대해서 더 배우고 싶어서 여기저기 유료 강의를 찾아서 다니곤 했다. 나는 무엇을 배우든 처음에는 인터넷으로 검색을 해보고, 그 분야의 책을 읽고 그리고 관련된 강의를 많이 들으러 다닌다. 그러면 나와 맞는 부분과 내가 더 잘

해보고 싶은 부분들을 찾게 된다. 그러한 의미에서 부동산 강의도 많이 찾아 다녔다. 보통 무료 강의는 분양을 하던지 사람을 모으기 위한 수단이라는 말을 들어서 일부러 유료 강의를 다녔다.

대부분은 강사 자신들의 경험에서 배우고 느낀 것들을 나누는 강의이고 또 새롭게 가격상승을 위해서 알아야 할 부분들을 어떻게 공부해야 하는지를 많이 배우고 싶어서 다녔다. 그런데 5월 중순의 그날 강의는 분양권에 대한 내용이 중심이었는데 강의를 듣는 내내 정말 그 자리에 와서 듣고 있는 내 자신이 참 바보 같았다. 더욱이 비용과 강의시간 3시간이 너무나 아까웠다. 나는 분양권에 대해서 거의 몰랐기 때문에 전반적인 분양권 시장과 앞으로 어느 지역에서 분양을 하는지, 청약을 하려면 어떠한 부분들을 주의 깊게 조사해야 하는지 등의 강의를 기대하고 신청했다. 그런데 정작 강사는 어떻게 편법과 불법으로 분양권 시장에서 돈을 버는가에 대해서 3시간 내내 강의했다.

거의 80명에 가까운 수강생이 그 자리에 있었는데 나는 참을 수 없을 만큼 화가 났다. 수단과 방법을 가리지 않고 돈을 벌어야 한다고 가르치는 강사와 그 내용을 아무 말 없이 듣고 있는 수강생들이 참 안타까웠다. 나는 그 강의를 들으면서 저런 일은 절대로 해서는 안 되겠다와 앞으로 저런 일이 더 이상 발생하지 않는 사회가 되었으면 좋겠다고 생각했다. 내가 원하는 부자는 합법적으로 노력하여 부자가 되고 선한 부자가 되는 것이다. 국가가 정책적으로 신혼부부를 위해서 조금이라도 유리하게 정책을 내놓고 또 다자녀 가구에게 혜택을 주는 조건들을 편법으로 이용하여 돈을 번다면 정작 신혼부부나 다자녀 가구들은 그런 혜택을 볼 수 있는 가능성들이 줄어드는 것이다.

비정상적인 방법으로 세금을 탈세하며 소수가 돈을 축척한다면 정작 집을 필요로 하는 많은 사람들은 비정상적인 가격상승으로 상대적인 박탈감만 더 크게 느낄 것이다. 빌 게이츠의 어머니는 빌 게이츠에게 '존경받는 부자가 되라'고 늘 가르치셨다. 우리의 삶에서도 선한 부자가 많아지고 존경받는 부자가 많아졌으면 좋겠다. 내가 생각할 때 돈 관리를 한다는 것은 부자이기 이전에 돈으로 인해서 나의 주변사람에게 도움을 요청하는 일이 없어야 한다. 그리고 자신의 삶에서 가치 있고 의미 있는 일을 하는 데 돈이 걸림돌이 되지 않기를 바란다. 또한 나의 기본적인 생활이 보장된다면 더불어 사는 행복을 항상 염두에 두어야 한다.

주변에 있는 가까운 사람들에게 늘 감사하고, 또 자신이 특별히 마음이 가는 곳에 기부하며 살 수 있기를 소망한다. 우리 집도 매달 아이들의 식사를 후원하고 있고 아프리카에 사는 어린이 한 명이 18세 성인이 될 때까지 매달 지원한다. 아주 작은 후원이지만 점차 늘려갈 계획이다. 이 세상은 나 혼자 살아갈 수 있는 곳이 아니다. 더불어 살아간다는 것을 잊지 않고 현재의 내가 있기까지 수많은 도움이 있었음을 늘 잊지 않으려고 노력한다.

마음이 부자인 자 나만 잘 살겠다고 생각하는 사람들은 결국 행복하지 않을 것이다. 아무리 돈이 많아도 마음이 부자가 아니면 아무 소용이 없다. 비록 수억의 돈은 없지만 마음이 부자인 사람이 진정 부자인 것이다. 80살이 넘고 시골에 사시는 할머니가 계신다. 정말 통장에 한두 달 생활비밖에 없을 텐데 손주들이 놀러 가면 10만 원씩 주시곤 한다. 할머니 당신은 시골에서 밭에 있는 채소 등으로 식사를 하시니 먹고사는 것은 걱정이 없다고 하시면서 시골 먼 곳까지 할머니 뵈러 오는 손주들이 고맙다고 그렇게 용돈을 거침없이 주신다. 진정 마음이 부자인 멋진 할머니라는 생각이 든다.

내가 예전에 회사 다닐 때 함께 일했던 직원 중에 계속 싱글로 지내며 일에만 열중하신 여자분이 있다. 그분은 현재는 작은 개인 회사를 운영 중인데 회사를 운영하면서 발생하는 이익을 자신의 동문 학교에 장학금으로 기증한다. 또 아프리카에 학교를 짓는 것에도 후원금을 낸다. 현재는 예순이 넘은 나이에도 태권도를 아주 열심히 배우고 계신다. 왜냐하면 아프리카에 세워진 학교에 가서 그들에게 한국의 태권도를 가르치는 것이 꿈이라고 한다. 이 얼마나 아름다운 스토리인가. 돈 관리를 통해서 그냥 부자가 되는 것이 중요한 것이 아니다. 정작 돈 관리를 하는 이유는 내가 나의 삶의 주인공이 되고, 내가 하고자 하는 꿈을 이루며 세상에 선한 영향력을 끼치기 위함임을 항상 잊어서는 안 된다. 현재 재산이 많고 적음에 따라 부자가 되는 것이 아니라 현재의 삶에서 부자로 생각하고 행동하는 사람이 진정 부자인 것이다.

국민 MC 유재석 씨의 기부 소식을 들었다. 유재석 씨 자신은 이러한 기부 사실이 알려지는 것을 꺼려하지만 연탄을 필요로 하는 곳에 기부를 하여 연탄 천사라는 말을 듣기도 한다. 이를 듣고 유재석 씨의 팬인 중국인들이 함께 연탄 기부에 동참했다고 한다. 서문시장 화재 때도 기부했고, 위안부 할머니가 계신 곳에도 기부를 하고 있다. 이로 인해 주변의 연예인들도 함께 기부에 동참해야겠다는 이야기를 하고 실제로 함께하는 경우도 많다. 유재석 씨는 인터뷰에서 금액이 많고 적음이 중요한 것이 아니라 이러한 나눔의 삶이 감사하고 행복하다고 이야기한다. 이러한 이야기가 특정 연예인의 이야기만이 아니라 우리의 삶에서도 일상이 되기를 바란다.

또한 나는 오랜만에 좋아하는 사람들을 만났을 때 용돈의 범위 내에 커피를 즐겁게 살 수 있는 사람이 부자라고 생각한다. 무조건 돈을 안쓰는 것도 아니고 무조건 돈을 모으기만 하는 것도 아니다. 내가 선한 곳에 돈을 쓰고 싶을 때 망설임 없이 돈을 쓸 수 있는 사람이 부자인 것이다. 나의 수입을 정확히 파악하고 계획된 범위 안에서 주도적으로 생활할 때 행복한 소비를 하는 것이다. 삶의 가치관이 서 있어야 하고, 삶의 우선순위가 명확한 사람들은 행복한 소비를 할 수 있다. 마음이 부자인 사람들은 진정 자신이 원하는 가치 있는 일을 하면서 보람을 느끼고 주변 사람들을 돌볼 수 있는 여유가 있는 사람들이다.

"누가 봐도 저 사람은 존경받을 만한 사람이야"라는 말을 들을 수 있다면 진정한 부자일 것이다. 아무리 돈이 많아도 자신만 알고 이기적으로 살아간다면 우리 사회는 성장하지 않을 것이다. 돈의 많고 적음보다 사람들이 존경받는 사람이라고 말한다면 그 사람의 삶은 분명 무엇인가가 다를 것이다.

**내가 생각하는
부자란 무엇일까?** 각자의 삶에서 현명한 돈 관리로 주변의 사람들이 생각하는 '존경받는 선한 부자'가 되어 개인의 삶도 행복하고 우리 사회도 더 살기 좋은 행복한 사회가 되기를 간절히 소망한다. 무엇보다 현재를 살고 있는 오늘 행복한 부자가 되는 것이 중요하다. 우리가 어렸을 때 소풍 가기 전에 소풍날을 손꼽아 기다리듯이 또 어른이 되어서도 여행일정을 잡아놓으면 가는 당일보다 기다리는 시간이 더 기쁘듯이 부자가 되는 과정에서도 하루하루를 행복하게 즐길 수 있어야 한다. 여행 일정을 잡고 준비하면서 설렘과 행복을 느끼듯 돈을 관리하고 모으면서 부자가 되는 과정에서도 이처럼 설레고 행복하길 소망하고 기대한다.

우리는 돈을 떠나서는 살 수가 없다. 돈은 우리가 행복하고 안정된 삶을 살기 위한 중요한 도구 중의 하나이다. 성실하게 의미 있는 일을 하면서 수익을 창출하고 그 수입을 잘 관리하여 내가 원하는 삶을 살아가기 위해서 돈 관리는 누구에게나 꼭 필요한 일이다. 우리 모두 아래의 네 가지를 통해서 돈 걱정으로부터 해방되고 우리가 원하는 행복한 부자가 되었으면 좋겠다.

첫째, 수입과 지출에 대한 올바른 이해
둘째, 저축하고 절약하는 성실한 자세
셋째, 공부를 통한 끊임없는 자기계발
넷째, 기부를 통한 선한 영향력의 선순환

매달 받는 월급이 우리의 가장 주된 수입원인데 이 월급도 제대로 관리하지 못하면 적자인생을 살게 되는 것은 한순간이다. 그렇게 되지 않으려면 수입이 생기는 처음부터 수입과 지출 관리가 잘되어야 한다. 무슨 일이든 내적 동기가 확실하고 목표 의식이 명확해질 때 사람들은 행동으로 움직인다. 인생의 가치관을 먼저 정립하고 그에 맞는 자신의 인생의 로드맵을 그려보자. 내가 원하는 삶이 내 눈앞에 생생하게 그려지고 그것을 간절히 원할 때 돈 관리도 제대로 주도적으로 할 수 있게 된다.

어떠한 인생을 살고 싶은가?

인생에서 중요하다고 생각하는 세 가지는 무엇인가?

죽기 전에 꼭 하고 싶은 일 세 가지는 무엇인가?

시간과 돈에 대한 제약이 없다면 무엇을 하고 싶은가?

내가 죽은 후에 다른 사람들이 나를 어떤 사람으로 기억하길 원하는가?

…

스스로에게 많은 질문을 던져보자. 자신이 어떠한 삶을 살 것인가를 명확히 아는 사람일수록 세상살이에 흔들림이 덜하다. 돈이 많은 사람이 거인이 아니라 자신의 인생의 방향과 목표가 명확한 사람이 진정한 거인이다. 이러한 내적인 자아가 확립되면 돈 관리도 제대로 할 수 있게 된다. 이렇게 내적으로 강한 사람들은 하고 싶은 일이 있는데 돈 때문에 못하는 상황을 만들지 않는다.

내 주변에도 돈 관리를 제대로 못해서 힘겹게 사는 사람들이 많았다. 이들을 보면서 많이 안타까웠고 어떻게 하면 빚으로 허덕이지 않고 주체적인 삶을 살 수 있을까를 20년 넘게 참 많이 고민했다. 이와 관련된 책도 많이 읽었고 의식적으로 더 배우기 위해 노력을 기울였다. 또 현재진행형이기도 하다. 앞으로도 더 열정적으로 공부하며 실행할 것이다. 나눔과 함께하는 삶에도 더 많이 참여할 것이다.

월급 관리, 수입과 지출 관리, 통장 관리, 종잣돈 모으기, 재테크 공부를 꾸준히 하여 자신이 원하는 목표를 설정하고, 성장하며 완성해 갈 때 당당한 자신의 인생을 살 수 있다. 재테크에 관한 정보는 넘칠 정도로 많은 세상에 살고 있다. 다른 사람이 말하는 대로 따라서 투자를 할 것인지, 내가 주도적으로 할 것인지도 자신이 선택해야 한다.

주식 시장에서도 코스피지수가 30포인트 올라서 주식 시장이 호황이라고 해도 그날 전체 종목 중 450개 종목은 상승하고, 340개 종목은 하락하며 80개 종목은 보합세를 보인다. 거꾸로 30포인트가 빠져서 주식 시장이 폭락했다고 해도 400개 종목은 하락하고, 400개 종목은 상승하며, 100개 종목은 보합세를 보인다. 전체 지수보다 내가 가지고 있는 주식이 올랐는지 내렸는지가 중요하다.

2007년에서 2010년에 한창 펀드로 사람들이 수익을 많이 보았다고 해서 후반부에 펀드를 시작한 사람들은 오히려 그 이후에 손해를 본 경우도 있었다.

부동산 시장도 마찬가지다. 부동산이 올랐다고 신문이나 방송에서 이야기해도 전국 부동산이 모두 오른 것은 아니고, 하락했다고 해도 부동산 전체가 하락한 것은 아니다. 평균 가격은 하락했다고 하더라도 그 상황에 더 오른 지역도 있다. 사람들이 분양 시장에 몰린다고 나도 분양을 받고, 재건축 시장이 호황이라고 재건축 아파트를 알아보며, 작은 평수가 많이 오른다고 해서 나도 작은 평수만 산다는 것은 바람직하지 않다. 무엇보다 자신의 판단기준이 확실해야 한다. 사람들이 많이 한다고 해서 나도 따라 하면 오히려 뒤늦게 들어가서 손해를 볼 수도 있다.

전체적인 흐름이나 경제지표, 이자율, 정부 정책 등을 잘 살펴보아야 한다. 더불어 자신만의 공부와 경험이 쌓여야 한다. 가장 기본적인 월급 관리에서부터 이러한 관심과 열정이 자신의 자산을 더 현명하게 관리할 수 있도록 뒷받침해줄 것이다.

또한 내가 원하는 부를 쌓아갈 때 이것은 단순히 나 혼자가 이룬 것이 아님을 잊지 말자. 주변의 많은 도움으로 이룰 수 있었고 우리는 더불어 살아가는 세상에 살고 있다. 감사와 나눔이 동반될 때 선한 영향력은 또 다른 선한 영향력을 불러온다. 우리나라에 선한 부자, 존경받는 부자가 많아지길 소망한다.

이 책을 읽고 난 후 아주 작은 행동이라도 실천하길 기대한다. 그리고 자신이 원하는 인생의 로드맵을 만들어 그에 맞게 돈 관리도 잘 하면서 감사하며 행복한 삶을 살 수 있기를 응원한다.